高中物理
有效教学策略研究

邓宗茂 | 著

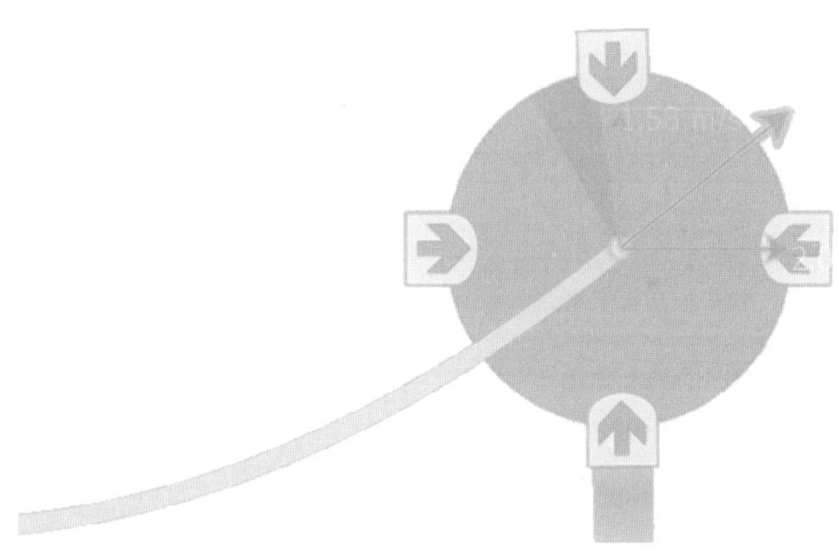

海峡出版发行集团 | 福建科学技术出版社

图书在版编目（CIP）数据

高中物理有效教学策略研究 / 邓宗茂著. -- 福州：福建科学技术出版社, 2024.6. -- ISBN 978-7-5335-7313-3

Ⅰ.G633.72

中国国家版本馆CIP数据核字第2024KB3298号

出 版 人　郭　武
责任编辑　曾子鸣
责任美编　黄　丹
责任校对　林锦春

高中物理有效教学策略研究

著　　者　邓宗茂
出版发行　福建科学技术出版社
社　　址　福州市东水路76号（邮编350001）
网　　址　www.fjstp.com
经　　销　福建新华发行（集团）有限责任公司
印　　刷　福州印团网印刷有限公司
开　　本　720毫米×1020毫米　1/16
印　　张　14
字　　数　192千字
版　　次　2024年6月第1版
印　　次　2024年6月第1次印刷
书　　号　ISBN 978-7-5335-7313-3
定　　价　56.00元

书中如有印装质量问题，可直接向本社调换。
版权所有，翻印必究。

前　言

在世纪之交启动的我国第八次基础教育课程改革至今已经有20余年，作者本人是从20世纪末加入教育教学工作岗位的，有幸见证了基础教育课程改革这20余年的全过程：见证了从《教学大纲》到《2003版高中物理课程标准（实验稿）》，再到当前的《2017版高中物理课程标准》发展变迁的过程；经历了从双基目标到三维目标，再到核心素养目标的课程目标进阶过程；亲身经历并见证了高中物理教育教学从过于关注知识而忽视知识获取的过程和方法，进步到今天的既关注知识又重视学生获得知识的过程，以及学生在知识学习过程中的情绪感受和价值观的形成。可以说，在这20余年的课程改革过程中，高中物理课堂经历了从知识课堂到能力课堂，再到当前的素养课堂的真实改变。

人类社会从农业社会发展至工业社会，现在已步入信息社会，不同的社会形态对生活在这个社会中的每一个公民的素质要求是不断发展变化的。面对以知识经济为特征的信息社会对合格公民的新要求，作为高中物理教育工作者，应该怎样才能更好地培养学生适应将来社会发展的必备品格和关键能力，使得学生在将来的人生道路中能够获得适应社会的幸福工作和优雅生活，这既是教育主管部门在顶层设计时重点实现的目标，也是笔者在教育生涯中始终思考的永恒问题。高中物理课堂是提高学生关键能力、必备品格和学科素养的主阵地，本书的主旨就是探索怎样的高中物理教学是有效教学，如何才能建构高中物理有效教学的课堂。

高中物理有效教学应该是充分体现物理学科育人价值的教学，是使每一个学生在物理观念上有发展、在科学思维上有提高、在科学探究方法上有体会、在情感态度上有熏陶的教学。高中物理有效教学基于高中物理课程标准制定教学目标，确定教学内容，设计学习方法，研制评价任务，检测学习结果，目标、过程、结果高度统一。基于高中物理课程标准设计教学、学习、评价高度一致的物理教学方法是建构高中物理有效教学的不二法门。

全书一共分为五章。第一章，论述高中物理有效教学的相关理论，在有效教学的含义与特征的基础之上，提出了高中物理有效教学的含义与特征，以及高中物理有效教学的课程设计。第二章讨论高中物理有效教学的课程设计。第三章是高中物理有效教学的技术整合策略，包括信息技术辅助物理教学及信息技术与高中物理教学融合的话题。第四章阐述了高中物理有效教学的科学思维可视化策略，通过学科思维导图、概念图、流程图等科学思维可视化的方法阐述了科学思维可视化的策略。第五章阐述了高中物理有效教学的实验情境化策略。

为了完成本书的撰写，笔者回顾了30多年来的教育教学实践经验和理论研修的学习收获，特别是梳理了近10年来结合教育教学实践和笔者主持、参与的多个省、市级课题研究，对相关的资料进行了分类整理和理论提升，并多次拜访相关领域的专家，积累了大量的素材。在此，对本书借鉴的前人作品表示诚挚的敬意，对提供帮助的领导、专家深表感谢。由于时间紧迫、笔者能力有限，本书在理论阐述和内容选取时难免挂一漏万，可能还存在着不妥之处，恳请广大读者的批评与指正。同时希望借此抛砖引玉，促进广大高中物理教师进行高中物理有效教学方面的研究。

邓宗茂谨识于三明市沙县区教师公寓陋室

2024年2月

目 录

第一章　高中物理有效教学的理论探索 …………………………… 1
第一节　有效教学的含义与特征 ………………………… 1
第二节　高中物理有效教学概述 ………………………… 7

第二章　高中物理有效教学的课程设计策略 …………………… 19
第一节　紧扣高中物理课程标准及学业质量水平设计教学目标…… 19
第二节　设计与教学目标高度匹配的评价任务 ………………… 37
第三节　设计与教学目标和评价任务一致的教学活动 ………… 45
第四节　高中物理新教材的有效利用 …………………………… 51
第五节　基于物理课程标准设计高中物理有效作业 …………… 55

第三章　高中物理有效教学的技术整合策略 …………………… 64
第一节　物理教学与信息技术 …………………………………… 64
第二节　使用信息技术辅助教学 ………………………………… 66
第三节　信息技术与高中物理教学深度融合 …………………… 104
第四节　智学网与高中物理教学融合 …………………………… 118

第四章　高中物理有效教学的科学思维可视化策略 …………… 125
第一节　高中物理学科思维导图的概念 ………………………… 126
第二节　高中物理学科逻辑思维导图的应用 …………………… 163
第三节　高中物理学科概念思维导图的应用 …………………… 168
第四节　高中物理学科流程思维导图的应用 …………………… 172

第五章　高中物理有效教学的实验情境化策略 …………………… 181
第一节　高中物理教学的实验情境化概述 ………………………… 182
第二节　高中物理实验情境化的设计与实施 ……………………… 195

参考文献 …………………………………………………………………… 210
后记 ………………………………………………………………………… 215

第一章　高中物理有效教学的理论探索

第一节　有效教学的含义与特征

一、有效教学的涵义

要达到对有效教学的科学理解，出发点是对"有效"和"教学"两个概念的完整理解，然后在对"有效"和"教学"理解的基础上概括出"有效教学"的涵义。

（一）对"有效"的理解

在日常生活中，"有效"是人们经常使用的一个词语，如"这是一种有效的方法""采取了有效的措施""这种药很有效""进行了有效的沟通"等。此外，还有一些与"有效"经常连接在一起的用语，如有效时间、有效成分、有效电阻、有效性等。在这里，"有效"除了效用、作用的意思外，还有各个专业上的特定涵义。

从词源上追溯，首先在汉语中，"有效"二字可以单独理解。根据《辞海》的解释，"有"字的第一项和第二项释义分别是"具有、拥有、保有"和"哲学范畴与'无'相对"。①"效"字的首项释义是："效果，功用。如：有效，见效。《淮南子·修务训》：'效亦大矣。'"②关于"效"字的解释，

---

① 辞海编辑委员会. 辞海［M］. 上海辞书出版社，1979：371.
② 辞海编辑委员会. 辞海［M］. 上海辞书出版社，1979：3361.

在其他辞书上与《辞海》的释义大同小异，如《现代汉语词典》上的首项释义也是"效果、功用"。从互联网上几种主要在线字典查到的关于"效"字的解释如下：《在线汉语大字典》中从攴（pū），交声，"攴"有致力的意思，本义为献出、尽力；《中华在线词典》中指行为产生的后果或事物产生的功用，如功效、成效、效果、效益；《汉典》中的解释是功用、成果。由上可见，"效"主要指"功效、功用、效果"，前面加"有"字，按汉语习惯就是"具有、拥有、保有功效、功用、效果"的意思，与"无功效、无功用、无效果"相对而言。有、效二字连用是现代才开始的。《现代汉语词典》中的解释是"能实现预期的目的；有效果。"①

除了上述角度对"有效"的定义外，还有从经济学和组织理论的角度对"有效"的理解，不再展开详述。

由上述对"有效"的分析可知，目前对"有效"的理解至少包括以下三方面：其一，有效是功用与效果的结合；其二，有效是内隐与外显的统一；其三，有效是具有正向功能的，是积极、正向的作用。

（二）对"教学"的理解

教育界特别是教学理论界，始终对"教学"的概念持续进行研究与探讨，也正因此，学术界对"教学"概念的使用、理解及界定已趋于成熟。关于"教学"的词义演变，在甲骨文时代，"教"字与"学"字是有相同字根的，教学的意义是教别人学以提升自己，教就是学，这是历史上对教学词意的第一阶段理解。历史上对"教学"词义的第二阶段理解是：教学就是教别人学，促进别人的发展，主要是指教。这是在"教学生学"的意义上指称"教学"，即把"教学"定位于教师"教学生学"。历史上对教学词义的第三阶段理解即现代教学的词义，包含老师的教和学生的学两个方面，是指教师的教和学生的学组成的整体。这类观点认为教学以交往的形态存在，教学存在是在特

---

①中国社会科学院语言研究所词典编辑室. 现代汉语词典［M］. 北京：商务印书馆，1996：1529.

定条件下教师与学生的交往，教学通过交往并在交往中发生、存在和演化，教学即交往。交往是教学存在的基本形态，是教学的存在域。换言之，所有的教学都是交往。尽管不同的教学可能有不同的特点、不同的具体形态，但不论何种教学都是以某种交往形态存在的。但是，教学即交往，并不是说交往即教学，也不能认为教师与学生的交往就是教学。

（三）有效教学的涵义

以上述的理解与分析为基础，有效教学的涵义可以体现为以下几方面。

第一，本书把"教学"定位在教师的"教"与学生的"学"两者的双边、有机统一的协同活动，把教学概念的逻辑归属于"交往活动"。这是本研究在对"教学"之本质的诸学说进行考察的基础上认定了"交往说"。新中国成立以来，从我国教育理论界对"教学"本质的探索历程看，先后经历了"认识说""传递说""实践说""统一说"等，这是和教学目标的历史演变及教学形态随之发生相应演化有关的。

第二，本书采用"教学"作为"有效教学"的上位概念。"有效"作为"教学"的限定词，"有效教学"亦即"有效"的"教学"，而不是把"有效教学"看作整体的教学思想。教学过程中的交往主体间在心理上和行为上均存在着相互作用。一方面，教师对学生的作用表现为引导、维持、启发、激励学生的学习，包括对学生的情感、态度、价值观等的影响，而学生学习水平的提高和主动积极的学习表现反过来又可以促进教师不断获取新知，不断提高教书育人的技艺、教学思想水平并促进职业道德、精神的提升，即教学相长。另一方面，学生与学生之间也存在相互作用，同伴间在学习过程中，自觉或不自觉交流信息和情感，相互切磋、增进了解，形成较高的心理认同感。即使发生竞争、冲突和对立，也属于相互作用的形式范畴。

第三，有效教学是针对教学的正向、积极功能而言。教育存在着正向功能和负向功能，这不仅指教育的本体功能有正向和负向之分，还指基于教育本体功能而来的派生功能也有正向和负向之分。因为，首先应当明确，教学作为学校教育的一种基本教育活动，自然也具有正向和负向功能之分，凡是遵循客观规律的教学活动应该能够发挥教学的正向功能，凡是违背客观规律的教学必然产生教学的负向功能。① 有效教学指教学的功能和结果好的教学，不是指功能和结果坏的教学。假如把功能和结果好的教学再进行程度上的差异区分，本书认为有效教学仍然是指程度上好的教学。

第四，有效教学必须达成一定的教学目标，也就是说，有效教学与目标的达成有关。学校教育活动有明确的教育目标，教学目标是教学活动的出发点和最终归宿。② 人类的教学活动是具有明确目标的教育实践，只有很好地实现了目标的教学才算是好的教学。教学目标可以作为衡量教学是否有效的重要尺度。因此，有效教学应该是充分达到教学目标的教学，既达成了短期的具体目标，又趋近长远的理想目的。除此之外，有效教学还应该是一种追求当下的先进教育、教学理念的教学。因为不管是教育目的还是教学目标，都是随着时代的发展而不断更新和演进的，所以有效教学也是一种动态发展的教学形态。那么，当前的先进教育、教学理念理应落在追求科学与创新、民主与平等的理想境界和弘扬人的主体精神，以及人与自然和谐相处的目标上。因此，有效教学应该追求新一轮基础教育课程改革所提出的核心素养目标，是追求核心素养目标落地的教学。

第五，有效教学必须以人的培养和发展为核心。培养人、促进人的全面发展是教育的基本目的之一，由此，教学的基本目标自然也是以人的培养和发展为核心。具体而言，有效教学要关注学生的身心素质发展方面的积极变化，这些变化包括学生的知识、技能、兴趣、态度、价值观、创新能力、实践精神等。有效教学肯定具有知识与技能的教学，但不仅仅局限于此，这也是有效教学在价值层面上的追求。那种"见物不见人"的教学已不是我们这个时代的有效教学。有效教学以学生的发展为核心，也关注其他方面的因素，如教师因素、教材因素、环境因素等，如果仅关注学生的发展而忽视了其他

---

① 胡德海. 教育学原理（第二版）[M]. 兰州：甘肃教育出版社，2006：246.
② 李秉德，李定仁. 教学论 [M]. 北京：人民教育出版社，2001：44-48.

因素对有效教学的影响，学生的发展也会受到影响。

综上所述，有效教学的涵义可以归纳为：教学过程、教学方式、方法均遵循教育规律和学生身心发展规律，教师与学生、学生与学生之间的交往能够和谐、有机地统一的教学，教学内容、教学方法、教学过程、教学结果都满足学生和社会发展的价值需求，从而达到预期的教学目标，发展了学生作为学习主体且将来适应个人发展和社会发展的必备知识、关键能力和核心素养。

二、有效教学的特征

有效教学作为一种价值追求，是我们一线教师在教育实践中应该努力践行的一种教学价值理念。那么我们怎么判断日常教学是否具备有效教学的特征呢？尽管在具体的一线教学中，由于教师不同、科目不同、学段不同、年级不同会导致具体教学形态多种多样，表现形式各不相同，国内外学者们对有效教学的特征概括也不一致，可以说是仁者见仁，智者见智。尽管如此，我们可以从多种多样的有效教学现象中归纳和抽象出有效教学的共同点，仍旧将这些共同点称为有效教学的特征，具体如下。

（一）有效教学是预设与生成辩证统一的教学

教学的预设与生成是有效教学的二重性问题，"预设性教学"就是教学活动过程有内在的、本质的、必然的规律，所有教学行为都是由其本质和规律事先决定的。"生成性教学"是后现代教学观强调的一种教学形态，指教师在师生互动的过程中，基于教师、学生、资源、媒体、时空等教学要素的不同而在教学过程中产生的新问题、新情况，及时调整教学思路和教学行为的教学形态。有效教学在教学中体现出主体、内容、过程等方面的二重性。这种二重性具有共处、互补的辩证统一关系。现代教学论从预设走向生成，并将二者作为辩证统一体。检视近代科学与哲学领域的发展历程，从决定论、因果论向不确定论和概率论演变。相对论、量子论等自然科学的重大发现突破了牛顿的稳定的宇宙观，引发了哲学领域的深刻变革。这种变革对教育领域产生影响，使教育研究者开始反思教学的科学性和艺术性之间的关系，"有效教学"便应运而生。

（二）有效教学是教学时间有效利用的教学

教学时间的分配与教学方式和效率密切相关。有效教学的时间分配应综合考量教学目标、教学内容的特点、学生认知特点、教师的教学风格，以及如何激发学生学习的兴趣等因素。本质上，有效教学的教学方式只能按照教学的实际情况而定，无论是讲授、讨论、活动还是实践，教师都要熟悉其优缺点，知道每种方式适用于特定的教学情境，简单机械地套用某一教学方式，肯定不是有效教学。例如有教师认为新课程改革提倡学生自主探究合作的方式学习，就把传统教学的讲授法与学生的自主探究合作学习对立起来。甚至还有观点错误认为新课程改革的课堂教学要探究不要讲授，不考虑具体情况及知识的类型，一股脑儿都让学生探究。而有些教师不排斥教授法，但把握不准讲授的时机，该讲的不讲，不该讲的却滔滔不绝地讲，这显然是不对的，会造成宝贵的课堂学习时间被大量浪费，而让教学走向低效教学、无效教学，甚至负效教学。有效教学的时间如何有效利用是一个与教学实际情境联系十分紧密且十分灵活的问题，它涉及不同学生在不同时候的需要的差异性，正因如此，因材施教是人类社会实施教育时遇到的亘古话题，也是现代教学论研究如何提高教学效率时必须深入研究的课题。

（三）有效教学是关注学生持续终身发展的教学

可持续发展的理念源自环境保护领域，现在已成为国际社会广泛认同的社会发展观。它即是教育理论和实践研究所关注和追求的目标，也是新一轮课程改革立德树人的核心素养课程目标应有之义。新一轮课程改革的课程目标明确提出，我们的教学应该使学生具备适应终身发展和社会发展所必备知识、关键能力和核心素养，这里提到的适应终身发展和社会发展就是关注学生持续终身发展的话题。换言之，教师的日常课堂教学不能仅仅关注眼前的短期知识和技能目标的落实，而要立足于学生终身发展的长远目标，提高学生终身都能够受用的问题解决能力、实践能力和创新能力。有效教学为学生提供终身发展的动力源泉，使学生获得可持续发展的基本能力和生存智慧，从而更符合现代社会对人才的要求。

（四）有效教学是课堂民主、师生平等的教学

教育学和学习心理学研究表明，要让学生在课堂内发生真正的学习，必须保证学生的心理安全。如果一个学生在课堂内处于极度恐慌、忐忑不安的心理状态，随时担心被老师批评、指责、惩罚，学生处在一个心理极度不安全的状态之下，学生的认知通道会处于封闭或半封闭状态，学生无法接受外界环境的有效信息，或者接受外界环境的有效信息的效率极低。即使能够接受部分的有效信息，学生也是无法有效地对信息进行处理、分析和存储。这就会使课堂教学的效率大打折扣。基于此，有效教学一定是一个师生平等、课堂民主的教学。课堂中，虽然教师和学生的作用不同，地位不同，学生是课堂学习的主体，教师是学生学习的引导者、参与者、辅助者、促进者，但师生是教学双边活动的两个方面，共同目标是实现学生的高效学习。这就要求教师必须把每一个学生都看作和教师一样人格平等的独立个体，充分尊重学生、关心学生、爱护学生，而每一个学生都尊敬老师，尊重老师的劳动。这样自然而然就能够创造一个师生平等、课堂民主、关系和谐的教学氛围，为学生的有效学习提供学习心理安全的保障，为有效的课堂教学提供坚实的基础。

以上概括了有效教学的特征，每个特征只是反映了现代意义上的有效教学的某一属性，这些特征彼此之间应该是辩证统一的关系，而不是彼此孤立的，它们作为有机的统一体共同诠释有效教学的整体属性，体现有效教学的基本特征。

第二节　高中物理有效教学概述

一、高中物理有效教学的涵义

要达到对"高中物理课堂有效教学"的科学理解，首先要完整理解"高

中物理课堂"和"有效教学"两个概念，在此基础上，概括出"高中物理课堂有效教学"的涵义。"高中物理课堂"的核心概念是"课堂"，"高中物理"则是从学科和年级上对"课堂"的限定。关于"课堂"这一概念，本书认为，"课堂"就是发生在一定教室里的有一定组织关系的教师与学生共同参与的教学共同体。"高中物理"与"课堂"共同作为"有效教学"的限定词，则"高中物理课堂有效教学"的涵义可以界定为：在高中各年级物理学科教学共同体中发生的教学过程、方式、方法均遵循物理教学规律和学生身心发展规律，教师与学生之间、学生与学生之间的交往能够和谐、有机地统一的教学，教学内容满足学生和社会发展的价值需求，教学结果充分促进了学生在物理知识、技能、科学方法、科学思维方式、情感态度及科学价值观等方面的进步与发展，从而达到预期的物理教学目标，逐步把学生培养成具有主体性、创新精神及实践能力的人才。它的上位概念应该是"有效教学"，是一种特定年级和特定学科的有效教学。它与"有效教学"的关系是个性与共性、特殊矛盾与普遍矛盾的关系，有效教学的研究成果对高中物理课堂有效教学的研究具有指导作用，但高中物理课堂有效教学理论应有自己特殊之处，它与数学、语文、英语等科目的有效教学既相互联系又相互区别。

关于教学策略，华东师范大学教育心理学教授邵瑞珍认为，教学策略是教师在教学过程中为达到一定的教学目的和采取的相对系统的行为。华东师范大学课程与教学研究所所长崔允漷认为，教学策略就是指教师为实现教学目标或教学意图而采用的一系列具体的问题解决行为方式。结合当前学者观点，本书提及的高中物理有效教学策略是指能够实现高中物理教学目标的方案、方法、途径的集合。

二、高中物理有效教学的理论基础

（一）建构主义学习理论

建构主义学习理论告诉我们，学生的知识是学生与外界环境发生相互作用的过程中主动建构起来的，每个学生都不是一张白纸，都有自己的原有知识和经验，每个学生都根据原有的知识和经验去理解现实环境中的信息，然后把现实环境中的信息与原有知识和经验进行联系和对比。当学生认知结构中的知识能够解释和说明新信息时，学生就把新信息纳入已有的认知结构中，丰富原有认知结构中的认知图式，这就是建构主义学习论的同化过程。当学生认知结构中的知识不能解释和说明新信息时，为了达到解释和说明新信息的目的，学生就调整原有认知结构中的认知图式，这就是建构主义学习理论的顺应过程。学生通过同化与顺应这两种形式达到与新环境的平衡，当学生的原有认知结构图式能够同化新信息时，学生的认知逻辑是自洽的，学生处于一种平衡的认知状态。当学生的原有认知结构图式不能够同化新信息时，学生的认知逻辑是矛盾的，处于一种不平衡的认知状态，这时学生就会寻求重新调整自己的认知结构来达到与新信息的逻辑自洽，最终达到新的认知平衡状态。学生就是在这样不断的平衡到不平衡再到新的平衡的进阶过程中，实现个体认知结构的不断完善和发展。

基于以上的建构主义学习理论的基本观点展开分析。首先，建构主义的知识观认为知识不是独立于人脑之外的实体形式的存在，学生也不是等待装填知识的容器，物理教学过程不是把知识当成现成的食物喂食给学生的过程，课堂不是传递知识的地方而是创造建构知识的地方。每一个学生都是对世界充满着好奇心和求知欲，并且保有高度的探索世界热情的个体。物理教学应该是学生在保持精神上的饥饿感和旺盛的求知欲的前提下，基于原有的认知结构去理解新环境信息而且进一步主动建构知识的过程。基于此，教师是无法脱离情境把现成知识传递给学生的，所以物理教学必须是基于情境的教学，传统的"去情境化"的教学是一种低效教学，甚至是无效教学。其次，由于每个学生的成长经验和知识背景都是不一样的，所以每个学生基于原有经验和知识背景建构起来的新知识肯定也是不同的，也就是说世界上不存在两个学生对同一情境知识的建构是完全相同的。比如在学习牛顿运动定律知识的过程中，像一千个读者就会有一千个哈姆雷特一样，一千个学生就会有一千种建构牛顿运动定律知识的过程，形成一千种对牛顿运动定律的理解。基于此,学生在情境学习中必须具有协商和对话、沟通和交流的过程,在解决情境问题的协商和对话、沟通和交流过程中,学生会把自己基于情境的理解和老师、其他同学的理解进行比对,并开展争辩和讨论,从而形成更丰富更灵活的理解,完成一个基于情境的、完整的意义建构的过程。总而言之,建构主义学习理论认为高中物理有效教学应该是一个基于情境的师生与生生多方互动,每一个学生都通过协商和对话与老师和其他学生沟通和交流,进而建构起自己的知识及其意义的过程。

(二) 多元智能理论

多元智能理论是哈佛大学教授霍华德·加德纳在对人类认知能力的发展进行了多年的深入研究之后提出的理论。霍华德·加德纳认为,人类不仅存在与语言学习和数理学习紧密联系的言语信息智能和数理逻辑智能,还有视觉空间关系智能、音乐节奏智能、身体运动智能、人际交往智能、内省智能和自然观察者智能。加德纳的多元智能理论告诉我们,每个学生都不是只具有一种智能,也不是以数理逻辑智能为核心的智能组合,而是具有一组多种并列平等、没有高低贵贱之分的智能。每一种智能都是学生实践能力和创新能力的重要组成部分,都可以成为学生将来幸福成功的生活和工作的重要组成部分。每一个学生都是独特的,每个学生具有的智能数量各不相同,都有相对优势的智能和相对薄弱的智能,这些各不相同的多种智能构成每个学生完整的智能谱线。每个学生的智能谱线就和每个人的指纹一样,没有完全相同的存在,每个学生的智能谱线都是完整的,但又是各不相同的,没有必要,也不能比较他们的优劣和高低,就像篮球飞人乔丹和科学巨匠爱因斯坦的智能谱线无法比较高低一样。我们只能说篮球飞人乔丹在身体运动智能方面是他的优势领域,而科学巨匠爱因斯坦在数理逻辑智能和音乐节奏智能方面是他的优势领域。也就是说每一个学生的多元智能谱线都有各自的相对优势领域和相对薄弱领域,并且每个学生都以高度个性化的方式组合和应用多元智能,正是由于此种原因,所以每个学生都表现出各自独特的认知特征。

基于以上分析,我们可以梳理得出多元智能理论的物理教学意义。首先,不应该把高中物理课程标准主张的所有学生都必须掌握的基础知识以同样的方式传授给他们。这也是新一轮课程改革提倡的教师教学方式多样化。教师应该充分尊重学生的学习主体地位，尊重每个学生的独特的认知特征，以多种方式创设学习情境，呈现学习信息，提倡并鼓励每个学生以个性化的学习方式学习物理学科知识，增强物理学科能力，提高物理学科素养。其次，高中物理学科素养的提升与多元智能理论不谋而合。比如高中物理学科四大素养之一的科学探究素养，包括问题、证据、解释、交流四个要素，在这一素养提升的学习中固然需要数理逻辑智能的参与，同时也需要言语信息智能和人际交往智能参与其中，从而提升解释和交流方面的素养。第三，多元智能理论告诉我们，学生素养的提升是多元的，学习评价要摒弃只注重学生纸笔测验的考试成绩的一元评价，而同样要关注其他方面的评价。高中物理一线教师应该建立目标明确、主体多元、方法多样的评价，让表现性评价、过程性评价与终结性评价相结合的新评价方式进入高中物理课堂，以提升学生的学习水平。只有为学生成功完成物理学习提供多种选择，才能增强学生学习的成就感，同时增强学生的物理学科情感。让每个学生都远离"要我学"的状态，进入"我要学"的状态，永葆对物理学习的好奇心和旺盛的求知欲，由成功的物理学习走向幸福的物理学习。

三、高中物理有效教学的基本方法

新一轮课程改革的理论依据是建构主义学习理论，提出要改革传统的教与学的方式，改革原有以教为中心的教学，提倡以自主、探究、合作的方式进行学习。自主、探究、合作的学习方式也是遵循建构主义学习理论应有的正确、合理的学习方式。建构主义学习理论认为学生的学习不是一个被动接受知识的过程，而是基于自己原有的知识和经验与学习环境相互作用，在他人帮助下主动建构知识意义的过程。基于此，学生要完成对知识的意义建构，必须是自主学习，建构的过程必定是学习主体主动参与的过程，是学习主体主动提取自己头脑中原有知识结构的知识与经验，主动观察、接收现实环境中的新信息，主动运用原有知识经验与现实环境中的新信息进行比较分析、推理归纳，进而得出结论，然后再把新知识同化到原有知识结构中，或者调整改变原有知识结构来顺应新信息。可以说，没有自主思维参与，就不会发生知识建构的教育事件。

其次，建构知识必定是一个探究的过程，是一个基于原有知识经验在学习情境中发现问题、提出问题、分析综合、推理论证、得出结论、解决问题的过程。再次，基于合作的知识建构才是一个高效的建构过程，不同的学习者因为生活经验和学习经历不同，而对同一学习情境会产生不同的情境问题，正所谓横看成岭侧成峰。这时学生通过同伴之间的协作对话、互相启发、互相补充，才会高效地建构起新情境知识的完整意义，而不是盲人摸象式地形成片面主观的理解。

当然，自主探究合作的学习方式中，自主是灵魂、核心，没有自主就没有真正的探究，也没有真正的合作。就像当前有些物理课堂过分强调科学探究的模式，让学生机械呆板地按照老师设计好的科学探究七要素去提出问题，猜想与假设，设计实验与制定计划，进行实验与收集证据，分析与论证，评估，表达与交流。这样缺乏学生思维主动参与的虚假探究不是新课程物理学科需要的科学探究，学生通过这样的虚假探究，不但不能提升科学探究能力，反而会僵化学生的思维，泯灭学生的好奇心和求知欲，打击学生的物理学习兴趣，伤害学生对物理学科的学科感情，是一种与新课程提倡的培养学生创新精神与实践能力背道而驰的、落后的教学方式。没有自主，当然也不会有合作学习，所谓合作学习是在一个学习共同体中，每个成员都是共同体不可或缺的一员，每个成员的工作都是学习共同体整体工作有机的、不可或缺的组成部分，每个成员都有自己的独特贡献，否则就没有合作，单个成员就只是一个旁观者而不是合作者。

最后还要注意的是，不能片面强调自主学习而把自主学习与教师的教对立起来。教学既有教又有学，只有学而没有教的学习不是自主学习，那是自己学习。自主学习是学生在教师的帮助、启发、引导之下的主动学习，任何片面强调学生的学而忽视教师的教的观念都是不对的，在充分尊重学生作为学习者主体地位的同时，一定要尊重教师作为学生学习的引导者、帮助者、参与者的地位。这样兼顾教与学的、辩证地看待教学关系的自主探究合作学习才是新课程提倡的正确的学习方式。

接下来，再辨别接受式学习与发现式学习的概念。学习理论研究告诉我们，人类的学习方式分为接受式学习和发现式学习。接受式学习是学生通过教师展示的材料学习现成知识。发现式学习是学生通过经历重演知识的发现过程学习新知识，同时发展思维能力的学习方式。

有人认为发现式学习就是意义学习，接受式学习就是机械式学习，这是一种不正确的看法。意义学习是理解性的学习，对知识的内涵有一个理解的过程，而机械式学习是完全机械地记忆知识的一种学习。发现式学习不能等同于意义学习，接受式学习也不能等同于机械式学习。区分机械式学习和意义学习的界限是有没有对知识进行理解。对知识有理解的接受式学习，就是有意义接受式学习；对知识没有理解的发现式学习，那就是机械式发现学习。

有人把发现式学习等同于主动学习，把接受式学习等同于被动学习，这也是不对的。接受式学习，也可以是主动的学习。

那么，接受式学习与发现式学习有什么关系呢？具体有以下三点。

1. 接受式学习是发现式学习的基础

学生完成一个发现式学习知识的过程，要经历重演知识发现的过程情境，从中接收信息，提出问题，通过比较、分类、推理、分析、综合、抽象、概括等思维方式获得新知识。在获得新知识的过程中，学生要把头脑认知结构中原有知识与新知识发生关联，运用原有认知结构中的知识来理解新知识，同化新知识，使知识能够自洽，形成有组织、有结构的新的知识系统。发现式学习的过程特点决定了其效率较低，学习同一个知识比接受式学习更加耗时。人类在漫长的发展历史中形成了大量知识，如果都要学生用发现式学习方式来学习是不可能的。而学生原有认知结构中的知识可以是由接受式学习获得的知识，也可以是由发现式学习获得的知识。由于接受式学习效率高，所以大部分知识是由接受式学习获得的，也就是说学生是用接受式学习获得的知识构成的知识系统来理解新知识的。

2. 发现式学习可以提高接受式学习的效率

完成接受式学习需要发现式学习过程中获得的具体经验做支柱。以婴儿为例，在思维的具体运算阶段的婴儿由于缺少发现式学习过程中积累的具体经验，往往无法完成接受式学习。所以，婴儿必须经过大量的发现式学习积累一定的具体经验之后，才能完成相应的接受式学习任务。

3. 发现式学习与接受式学习关系的教学意义

由以上分析可知，教师在教学过程中选择发现式学习或接受式学习方法时，要考虑学习目标、学习内容的不同情况。如果学习目标是发展学生的科学思维、创新能力、创新精神，应该选择发现式学习方式；如果学习目标是使学生形成系统化的知识体系，则可以选择接受式学习方式。学习内容是一些事实性的陈述性知识，可以选择接受式学习方式；学习内容是智慧技能的程序性知识，可以选择发现式学习方式。除此之外，物理学中有一些基本概念、基本原理发现难度很大，应该选择接受式学习。在高中物理教学中经常可以遇到这样的实例，即有一些基本概念、基本原理的教学，此时的教学策略是适度发现，合理接受。

四、高中物理有效教学的特征

如前文所述，本书所指的高中物理有效教学的含义是在高中物理课堂中，学生在教师的引领下获取知识的同时提升学科素养，并获取适应将来社会生活和个人发展需要的必备知识与关键能力的过程。这里的有效是指落实高中物理课程标准中的学科核心素养的有效，也是指获得终身发展与适应社会发展所需要的必备知识、关键能力和形成核心价值上的有效。知识有广义与狭义之分，狭义的知识是指陈述性知识，广义的知识是指陈述性知识和程序性知识的总和。陈述性知识回答"是什么"，而程序性知识回答"怎么办"。程序性知识是学习目标分类领域里面的智慧技能与认知策略，其中智慧技能是指导如何对外办事的技能，而认知策略是指导如何进行内部心理调控的技能。本文指的知识是指广义的知识，它是包括陈述性知识、智慧技能和认知策略。那么，高中物理有效教学的特征有哪些呢？具体有以下几个方面。

（一）高中物理有效教学是获取知识与发展智能相统一的教学

高中物理有效教学首先必须对标高中物理课程标准，使学生经历有效教学之后，能够获取高中物理课程标准要求的认知领域的陈述性知识、智慧技能和相应的认知策略，同时能够发展学生的相关智能。高中物理教学主要发展的是言语智能和数理逻辑智能。有鉴于此，所谓高中物理有效教学就是使学生获取知识的同时也发展智能的教学。知识与智能是能力的两个必要因素，没有知识肯定没有能力，而具有相同的知识而具有不同的智能，能力也是不同的。因此，高中物理有效教学也可被视为获取知识与发展智能相统一从而发展学生能力的教学。

（二）高中物理有效教学是学生通过正确的过程与方法获取知识的教学

建构主义知识观告诉我们，知识不是客观的，知识是认知主体依据原有的知识结构与外部世界相互作用，从而形成对客观世界的经验、解释或假说。由此可见，知识不是客观的而是主观的，知识不是老师教给学生的，而是学生主动建构起来的，是因人而异的。同一个认知主体经历不同的学习过程，因为不同的过程呈现的情境不同，建构起来的知识也是不同的。而不同的认知主体，由于他们原有认知结构的不同，即使经历同样的学习过程，他们建构起来的知识也是不同的。因此，在教材上以同一形态呈现的物理知识经过不同的认知过程，学生建构起来的知识是不同的。学生在教师创设的真实有效的学习情境中，经过正确的过程与方法建构起来的知识才是新一轮课程改革提倡的必备知识。有鉴于此，高中物理有效教学必须是情境化的教学，也可以说"无情境，不教学"。没有情境的教学，学生是无法获得建构知识的材料的，因此也是无法完成知识建构的。在这样的无情境教学中，学生不会产生真实的学习，这种教学是假教学。

（三）高中物理有效教学是教学评价、教学过程与学习过程相统一的教学

高中物理有效教学应该是基于高中物理课程标准的教学。教学的设计应该遵循逆向设计的流程，先根据高中物理课程标准制定学习目标，再由学习目标确定评价任务，接着根据学习目标和评价任务设计学习活动，这样才能设计出教学、学习、评价相一致的教学过程。学习目标的设计必须紧扣高中物理课程标准，依据高中物理课程标准的内容要求与学业质量标准，以及学生的原有学习基础和本校教学条件实际来确定课堂"教什么"和"要教到什么程度"。经过设计之后呈现的学习目标，应该是不但让老师看得懂，同时让学生也看得懂的文本。学习目标应该包含学习主体、行为动词、学习条件和表现程度，为教师向学生传递学习期待的良好媒介。设计评价任务应该以表现性评价为主，表现性评价的特点是不但知道学生学得好还是不好，而且知道好在哪里、不好在哪里。经历表现性评价任务的评价过程，学生就能明白"我的学习起点在哪里""我要去哪里""我现在到了哪里""离我要去的地方还有多远""要再去努力完成什么任务"。让学生学得明明白白，真正成为学习的主人和学习的明白人。经历表现性评价任务的评价过程，老师就能全方位、多角度、准确地得到学生的学习情况反馈信息。依据这个反馈信息，教师能确定学生已经完成了哪一个学习内容，达到了哪一个学习标准，如果达到了学习标准，就继续往下一个学习目标出发。如果没有达到学习标准，就要采取补救措施促进学生到达学习目标。在这里必须指出，设计评价任务时要特别注意避免以往过于注重甄别与选拔的评价，而应该设计出注重诊断、激励、促进学生发展的评价。在评价方式上要多做表现性评价，评价主体上要进行多元评价，不能只有教师评价，鼓励学生进行自评和学生之间的同伴互评；评价类型上多做关注学习过程的形成性评价，少做只关注结果的总结性评价。在确定了学习目标并设计好评价任务之后，基于学习目标与评价任务再设计"学生怎么学，教师怎么教"的具体教学活动和学生学习情境。这样的教学才是既关注获得知识与技能的结果，同时又注重获得知识与技能的

学习过程与方法，还尊重学习主体的学习情感的有效教学。

五、高中物理有效教学的课堂结构

高中物理有效教学的课堂结构是指高中物理有效教学课堂包含的要素及各要素之间的关联关系。教学论对教学要素的分析存在不同看法，有"三要素""五要素""七要素"等。课堂结构的"三要素"观点认为，教师、学生和教学过程是课堂教学必要的三个要素。课堂结构的"五要素"观点认为，组织教学、复习旧课、新课教学、巩固新课、布置作业是课堂教学必要的五个要素。而课堂结构的"七要素"观点认为，学生、教师、目的、方法、课程、环境、反馈是课堂教学必要的七个要素。这些分类方法基于一般课堂教学的教学要件或者操作流程上，本书研究的视角在于高中物理课堂的有效教学存在哪些特质性的要素。因此，本书所述高中物理课堂有效教学的要素是具有物理学科教学个性的特质性要素。高中物理课堂有效教学的目标是充分地促进学生在物理基本知识、基本技能、科学方法、科学思维、科学本质、情感态度以及科学价值观等方面的发展，既体现了新课程改革提出的核心素养课程目标，也体现了物理学科的独特育人价值——在立德树人方面的独特作用。综上所述，高中物理课堂有效教学的特质性要素如下：物理概念的获得，物理规律的掌握，物理实验操作技能的培养，数学工具的使用，科学思维方法的彰显，科学精神的渗透。这六个要素与新课程教学提出的核心素养目标是有机统一的。核心素养目标与六要素的对应关系如下。

不管从知识内容的范畴还是从知识学习的过程来看，核心素养目标与高中物理有效教学六要素都是紧密联系在一起的。从内容上看，新课程提出的核心素养目标中的形成和发展物理观念目标与高中物理课堂有效教学六要素中的物理概念的获得、物理规律的掌握高度相关，因为物理观念就是学生在物理概念的获得和物理规律的掌握基础之上的升华，是在物理概念和规律的学习之后对物质世界的一个总的看法。从知识学习的过程来看，要建立正确的物理观念，必须经过物理概念的获得和物理规律的掌握，换言之，物理概念的获得和物理规律的掌握的学习过程就是建立物理观念的过程的有机组成部分。再有，新课程提出的核心素养目标中的发展和增强科学思维与科学探究能力目标与高中物理课堂有效教学六要素中的物理实验操作技能的培养、数学工具的使用、科学思维方法的彰显高度关联，因为科学探究能力的发展需要以物理实验操作技能作为基础，需要科学思维方法参与科学探究的发现问题、提出问题、设计实验方案、得出结论和解释交流等环节中，而数学工具的使用与学生科学思维方面的科学推理和科学论证等要素高度关联。新课程提出的核心素养目标中的科学本质、科学态度与社会责任目标与高中物理课堂有效教学六要素中的科学精神的渗透相对应。当然，科学本质、科学态度和社会责任的相关目标与高中物理课堂有效教学六要素的其他任何要素都是有关联的。因为学生对科学本质的理解，养成科学态度，培养社会责任，是在他们进行物理知识与技能的学习过程中不断形成发展起来的，不可能出现脱离知识和技能独立存在的科学本质、科学态度与社会责任素养。所以，核心素养目标四个方面之间的关系是一个全面统一的关系，高中物理有效教学六要素也是一个整体统一的关系。物理规律的掌握和物理实验操作技能的培养以物理概念的获得为基础；数学工具的使用和科学思维方法的彰显在物理概念的获得、物理规律的掌握及物理实验操作技能的培养中得到体现，物理概念的获得、物理规律的掌握及物理实验操作技能的培养亦需依靠数学工具和科学思维方法；科学精神的渗透贯穿于前面五个要素之中。因此，高中物理有效教学的课堂中，上述六个要素相互依存，虽然为了研究的便利将其划分，但它们在实际应用中是不可分割的。

第二章 高中物理有效教学的课程设计策略

第一节 紧扣高中物理课程标准及学业质量水平设计教学目标

一、确定教学目标的原则

我国当前高中物理课传统的课堂教学往往是教师经验的产物，教师在教学经验积累的基础上，形成对学生能力和教学可能发展方向的预见，在此基础上设计教学过程，选择教学策略。这样的教学安排缺少科学的学习理论的指导，与学习理论脱节，缺乏基于学习理论的思考，导致教学安排的理论依据不清。这样的教学安排缺少教学目标设计的环节，教学过程和教学策略的选择缺乏教学目标的导向，基本是凭借教师的教学经验进行教学，不可避免地存在一定程度的随意性和盲目性。有一类典型的现象是从高三教完毕业班的物理教师回到新一轮的高一教学时，凭借在高三教学的经验人为地拔高高一教学的难度，这就是教师教学缺乏教学目标设计，凭经验无目标地自由教学的体现。高中物理教学目标是高中物理课堂的导航系统具有导教、导学、导评的重要功能，它明确了高中物理课堂的走向，清晰地规定了高中物理课堂要学习什么内容，要学到什么程度。缺乏教学目标设计的高中物理课堂，自然就会成为无头苍蝇到处乱撞，或者导致脚踩西瓜皮，滑到哪里算哪里的教学状况。部分教师有做教学目标设计，但是目标设计过于笼统。对于学生要学什么内容，要学到什么程度，没有准确设计与表达。在一线高中物理教学实践中，很多物理课堂游离于教学目标之外往往就是因为教学目标设计表达不清，这类教学目标的导教、导学、导评的功能自然不足，缺少了具体、明确和可观察、可测量、可评价的教学目标的指引，课堂教学活动设计就没有了依据，课堂教学如何展开，也就是怎么教的教学流程设计只能凭经验安排操作。目前，高中物理课堂教学实践中存在连教师自己都说不清楚的情境为何而设、师生为何而动、习题为何而做的教学现象，主要是教学目标的表达不清问题所致。那么，应如何设计一堂课的教学目标呢？笔者认为，设计教学目标一定要遵循以下原则。

（一）以标定标的层次性原则

以标定标，是指必须严格依据新课程高中物理课程标准规定的教学内容标准和质量标准设计教学目标。《普通高中物理课程标准》2017年版与2003版相比，最大的亮点有二：第一是凝练了核心素养课程目标，第二是研制了学业质量标准。这为高中物理教学的长远目标和阶段性目标指出了明确的方向。核心素养目标指出了高中生经过三年物理学习应该达到的学科方面的素养水平，也就是从立德树人的角度明确了一个高中毕业生应该达到的综合素养在物理学科方面的具体表现，这也充分体现了高中物理学科在育人价值方面的独特作用。学业质量标准指明了高中物理教学的阶段性目标，高中物理教学不可能一蹴而就、一步到位，在不同的年级、不同的模块、不同的单元、不同的课时，应该有不同的具体学业质量标准。高中物理教师要深入学习、深刻领会、准确把握学业质量标准的各级水平，特别是领会学业质量标准中各级水平的行为动词，它们是对学业质量水平的准确描述。比如在物理观念的层面，行为动词就有"初步了解""了解""了解……及其相互关系""理解""系统清晰的理解"，还有"能解释简单……现象，解决简单……问题""能解释……现象，解决……问题""能正确解释……现象，综合……解决……问题""能正确解释……现象，综合……灵活的解决……问题"。这些行为动词比较准确地表达了各个阶段对物理概念和规律的学习目标的进阶要求，为高中物理进行目标清晰的有效教学提供了很好的支架和抓手。层次性原则就是坚持因材施教，这里的"因材"包括两个方面的含义：一个是指对于不同的学生、不同年级的学生、不同班级的学生、不同层次的学生要设计和他们相匹配的教学目标；另一个是指对于不同的学习内容、不同的模块、不同的单元、不同的章节、不同的知识与不同的技能，也要依据学业质量标准设计相匹配的课时教学目标、单元教学目标、模块教学目标。这样既面向全体又兼顾学生个性发展，实现分层提高、分层达标、共同发展。

（二）以学定教的主体性原则

关于对课堂主体原则的认识，教育教学理论经历了几个发展阶段。第一阶段认为课堂的主体是教师，课堂教学的主要矛盾在于解决教师怎么教的问题。第二阶段认为课堂的主体是学生，课堂教学的主要矛盾在于解决学生怎么学的问题。第三阶段即现阶段，认为课堂是双主课堂，也就是说教师是课堂的主导，学生是课堂的主体、学习的主体，课堂教学的主要矛盾在于解决教师怎么基于学生的学情和学生的学习习惯、认知规律，引领、帮助、促进学生学习。下面从"交变电流"两节高考复习的同课异构课谈一谈教学设计如何坚持以学定教的主体性原则。图2.1.1是这两个课例的简要教学过程。

这两节复习课，从课堂教学的组成环节来看有很多相似之处，有教师的讲解，有学生的自主练习，有学生的上讲台板演，有教师的点评，教学的重点是让学生明确交流电的有效值与平均值的异同并运用于解决问题之中。如果从尊重学生的主体性原则来看，课例Ⅱ比课例Ⅰ做得更好一些。课例Ⅰ是教师先复习讲解交变电流的相关基本概念，教师这样的复习缺乏对学生学情的精准把握，不能突出重点，也抓不住学生学习的难点和疑点，这样的教学只能如同蜻蜓点水、泛泛而谈，课堂教学没有突出学生的主体地位，教学的有效性会大打折扣。课例Ⅱ则贯彻了先学后教的原则，先让学生自主练习，在此基础上找到学生知识的盲点、能力的薄弱点、观念的模糊点，充分尊重学

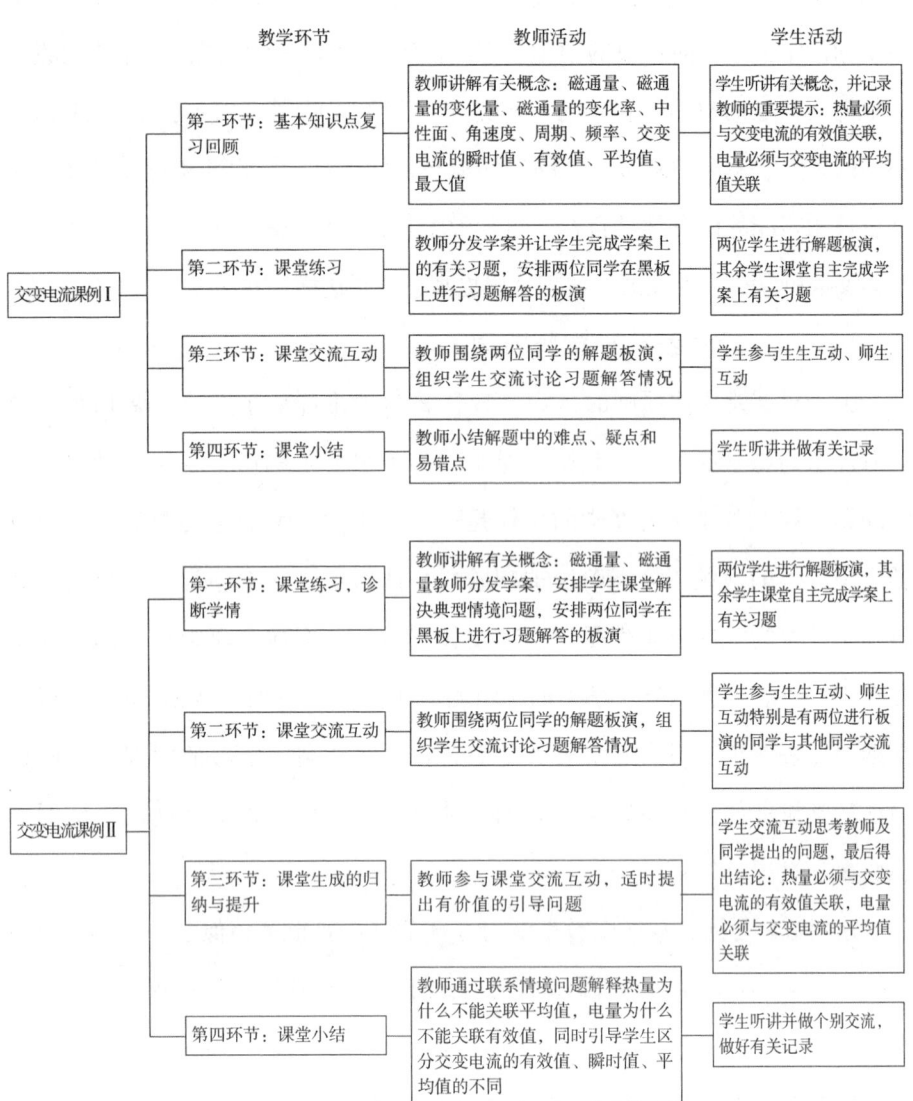

图 2.1.1

生的课堂学习的主体地位,通过观察评价学生解决具体问题的过程表现,精准诊断学生的学情,在此基础上根据学生的学情做出教学安排,设计教学活动并进行教学。这样在明确了学生知道了什么、掌握了什么、不知道什么,是在哪些点上不知道的基础上进行的教学,才是充分尊重学生主体地位的高中物理有效教学。

(三)有利于评价的可测性原则

在基于课程标准和学生学情的基础上设计出的教学目标,还要特别注意该目标的表达要有利于评价。教学目标指出了我们课堂教学的目的地,要明确告诉学生我们的课堂教学要到哪里去。这就要求教学目标设计的表达是学生能够看得懂的,学生通过阅读教学目标的文本,能够清晰地知道这堂课的学习要达到什么目的,怎么判断自己有没有达到这个目的,或者说在达到学习目的的路上走到了哪一步。这就要求教学目标的表达必须有学习主体、行为动词、行为条件和表现程度,也就是要交代清楚谁来做,做什么,怎么做,在什么条件下做,做到什么程度。这样清晰、准确的教学目标表达才有利于课堂教学评价,有利于课堂教学过程中基于证据的学情诊断与反馈,有利于基于课堂学情的实时反馈做出进一步教学安排与部署,让教师在课堂上能够基于教学目标清晰地看到学生在完成学习目标的路上走到了哪一个路段,在这个路段上有哪些岔路口容易让学生迷失方向,教师应该给学生提供哪些帮助和指导。在教师提供了帮助和指导后,学生是否沿着正确的学习道路继续前行。这样的高中物理课堂才能让学生学得明明白白,教师也教得明明白白,经过这样的课堂教学,教师对学生的学习情况就了如指掌,不会因为不知道学生学得怎么样、学到了什么程度而忐忑不安。因此,有利于评价的清晰可测量的教学目标是打造高中物理有效课堂的基本保证。

下面以高中物理必修一"牛顿第一定律"课时为例,说明如何进行清晰可测量的教学目标的表达。

有教师设计"牛顿第一定律"的教学目标表达如下：①体会伽利略研究运动和力关系的思想方法，了解理想实验的作用。②通过理想斜面的教学，体会理想实验，知道理想实验是科学研究的重要方法。这样的教学目标表达，在目前高中物理教师的教学设计中司空见惯。这节课教学目标的表达至少有两个方面可以改进：一是教学目标还没有紧扣核心素养的四方面十四个要素，在体现核心素养教育方面还不够；二是这个教学目标没有紧扣课程标准的学业质量水平标准，"体会伽利略研究运动和力关系的思想方法，了解理想实验的作用"的表述太笼统，不利于课堂对教学的评价和对学情的反馈，教学评价方面的可测性不强。如何判断学生"体会了伽利略研究运动和力关系的思想方法，了解理想实验的作用"呢？教学目标中的"体会"是要达到什么样理解程度的体会呢？教学目标的"了解"是要了解理想实验的什么作用呢？教学评价没有具体的依据，教学中就不容易依据教学目标检测到学生学习是否达成目标。

对"牛顿第一定律"的教学目标可以进行如下改进。

目标1改为：学生通过阅读人类认识力与运动关系的史实素材，小组讨论交流有关的问题，能说出理想实验的历史背景、事实基础、推理过程和实验结论。

目标2改为：学生通过观察斜面实验的现象，依据已有物理知识进行科学推理，体会"真实实验+逻辑推理"的理想实验方法和这个方法的重要性。

点评：改进后的目标1表述主体是学生，清晰地表达了行为的条件和表现程度。特别是关于"表现程度"的表述很具体，学生是否体会到伽利略研究运动和力关系的思想方法，检测的方法是学生是否能说出理想实验历史背景、事实基础、推理过程和实验结论，这样的教学目标表述就具有较强的可评可测性。

改进后的目标2学生的行为具体清晰。伽利略思想实验是通过"真实实验+逻辑推理"得出结论的，学生是否能够理解和说出理想实验的实验基础，并在这基础之上进行逻辑推理，是判断学生是否能理解理想实验、是否知道理想实验在科学研究上的重要性的依据，这样便于观察和检测，教学评价就有了具体的依据，可评可测性就较强。

二、确定教学目标的方法

新一轮以核心素养为纲的课程改革中，高中物理课程标准是纲领性文件，它是教材编写、教学评价、教学设计的第一依据。而教材是落实核心素养课程目标的重要学习载体和学习资源。因此，我们要在研读课标和教材的基础上设计教学目标。确定教学目标可采用如下步骤：第一，研读课标，精准把握课标对本节课核心素养的目标要求。第二，研读教材，深刻理解教材编写思路和编写意图。第三，研究学生，合理表述教学目标。

（一）研读课标

2017版高中物理课程标准相较于2003版课程标准，提出了四维核心素养课程目标，研制了学业质量水平五级标准。四维核心素养目标为高中物理教学提出了更加明确的方向，5个水平等级的学业质量水平，为教师评价学生的学业成就提供了可操作性的依据。同时，课程标准根据新时代的要求对高中物理的课程内容做了适当的调整。基于新版高中物理课程标准，作为高中物理教师，在教育教学观念和课堂教学实践方面应该做出相应的调整和改变。

1. 关注知识，也更加关注建构知识的过程以及方法路径

2003版与2017版高中物理课程标准对质点这个知识的内容要求是有所不同的。例如在叙述方式上，2017版课标对内容的要求叙述是按照核心素养语言体系进行的，即在什么情境下，主体运用什么知识能够解决什么问题、会做什么、做得怎么样。2003版与2017版课标的相关不同之处具体如下。

2003版课标：通过对质点的认识，了解物理学研究中物理模型的特点，体会物理模型在探索自然规律中的作用。这样的叙述方式不仅为我们明确了学生应该学习哪些知识，同时指出了学生学习这个相关知识的路线，也提供了一个学生对这一知识学到什么程度的判断依据。

2017版课标：经历质点模型的建构过程，了解质点的含义，知道将物体抽象为质点的条件，能将特定实际情境中的物体抽象成质点，体会建构物理模型的思维方式，认识物理模型在探索自然规律中的作用。

通过比较可以看到，新的课标除了关注学生获得质点模型知识的结果，还更加关注建构质点模型的过程，明确提出了要让学生经历质点模型的建构过程，也就是要给学生展示大量生产生活中的物理现象，提出要研究的物理问题。这样的要求，让学生感受到为了研究问题的方便，急需把生产生活中形形色色、变化万千的实体的物理对象，通过忽略次要因素、抓住主要因素的方式抽象概括为一个理想的、只有质量而没有大小的点。在这个思维加工的过程当中，归纳出能够把一个具体的物体看成质点的条件。只有经历了质点模型的建构过程，学生才有可能形成将实际情境中的物体对象抽象成质点的能力。这个过程是一个科学思维的过程，而不是一个记忆的过程。

情境设计

从沙县区府前广场北到三明市政府东的 k107 路公交车，运营路线总长为约 30 千米。假设把运营路线看成长为 30 厘米的直线段。请按比例在线段中任一位置画出长为 6 米的公交车。

学生通过比例换算，发现要在这条线上画的公交车只有 0.06 毫米，无从下手。

这时向学生提问："你在绘制图形时有什么体会？绘制这样的公交运行实时位置图，需不需要考虑公交车的形状和大小？"

有学生说："我的笔是 0.5 毫米粗细的签字笔，只要我一动笔就是 0.5 毫米，根本没有办法画出准确长度是 0.06 毫米的公交车。这时候表达这辆公交车的位置只需要画一个点，不需要追究这个点的大小了，也就更无从谈起形状了。这样就可以用一个不计大小的点来表示这辆公交车。"

再向学生提问："若公交车车轮的直径为 0.6 米，请问公交车从沙县区至三明车轮大约需要转动几圈？"

让学生思考，解决这个问题时，公交车或者公交车的车轮可以不计大小，把它看成一点吗？学生根据已有的知识和生活经验就能够得出这时不能把车轮当做一点。

再向学生提问："若公交车的行驶速度为 60 千米/时，公交公司在制定公交发车时刻表时，可以把公交车看成一点吗？"（提示学生公交发车时刻表是准确到几点几分的，例如某一趟车的发车时刻是 8：10。）

学生通过计算得公交车行驶 6 米所需的时间大约是 0.3 秒，那么面对公交车发车时刻表这类问题的精度要求，就可以不考虑公交车的车长用一点来表示它。

2. 研制了学业质量水平相关标准，为教学设计、学生的学业成就评价提供了可操作的依据

2017 版高中物理课程标准，围绕核心素养的 4 个维度及其不同的表现水平研制标准。其中的水平二是高中学业水平合格性考试的要求标准，也是每一个高中毕业生将来适应生活、谋求发展必须达到的物理学科核心素养的水平。其中的水平四是高中学业水平等级性考试的要求标准，也是有志于进入高等院校学习物理相关专业的学生需要达到的标准。教师要认真研读学业质量水平标准，深刻理解、内化于心，用它来指导日常课堂教学、教学设计、教学评价。在日常教育教学实践中，要多渠道收集学生学情数据，准确把握学生的学习基础。在基于实证的学情诊断基础上，确定学生的学习起点，结合具体教学内容，基于学业质量水平标准，设计课堂学习目标。在实施课堂教学过程中，基于学习目标的学业质量水平标准设计学习评价，让学生的课堂学习过程成为一个镶嵌学习评价的过程，让学生的学习过程与评价过程并行。如此，将使学生的学习在评价的护航下不再盲目，学生的每一个学习步伐都有评价的实证证据，让学生踩实第一步，再走第二步。教学评价基于学习目标，教师的教学基于学习目标和评价目标，将实现高中物理课堂的教学、学习、评价的高度一致性，打造高效的高中物理课堂，落实学生物理学科核心素养的发展。

3. 在课程内容上做了适当的调整，更好地适应学生的终身发展需要

从世纪之交开始的新一轮的课程改革至今虽然已有 20 余年，它在很大程度上改变了中学物理课堂教学面貌，引领大部分的中学物理教师更新观念，改革课堂教学行动。但是，在一线的物理教师当中，也存在少数特别是有多年教学经验的物理教师，他们依据经验、教学参考书、教辅材料进行教学，心中没有课程标准。以至于在一线的物理课堂中，经常看到课程标准已经删除的内容，个别老师还在课堂上讲得眉飞色舞，完全是一种只拉车不看路的状态。这是由于几十年形成的教学习惯导致的，对于这些内容，这类教师不知道现在不需要讲了，也不舍得不讲。这再一次提醒广大高中物理的一线教师，高中物理课程标准就是教师行动的指南和教学的依据。教师必须认真研读、深刻领会高中物理课程标准，为了加深对高中物理课程标准的理解，在研读课程标准时可以学习专家对于课程标准的解读。笔者在研读课程标准时，就结合廖伯琴教授主编的《普通高中课程标准教师指导　物理》（上海教育出版社）进行研读。总之，高中物理课程标准应该成为高中物理教师的案头之书、枕边之书。

2017 版高中物理课程标准在课程内容上有哪些调整呢？笔者研读了课程标准之后发现，被删减的内容当中，有些内容是鉴于高中物理课时的限制被删减的，有些内容是为了落实减轻学生过重课业负担的"双减"目标退出了中学物理的课程舞台的。

比如机械振动与机械波部分的用惠更斯原理分析解释波的反射与折射现象，在新课程标准中就将这部分内容删除了。笔者在多年的高中物理教学实践以及和同仁的交流中，发现老师们对这部分知识其实早有自己的看法，惠更斯原理在高中物理课程体系中与其他的相关波动知识联系不是非常紧密，在建构高中物理波动知识体系的过程中也不是非有惠更斯原理不可，在学习过程中，不管教师还是学生都发现学习这部分知识有画蛇添足之嫌。再如 2003 版课程标准必做分组实验"测定小灯泡伏安特性曲线"也已经不在新版课程标准的 21 个必做分组实验之列，多年的高中物理教学实践让我们深切地感受到，在当今提倡节能的时代，白炽灯已经是被淘汰的照明灯具，取而代之的是 LED 灯等节能灯，再继续花费大量的时间和精力去研究白炽灯丝的伏安特性曲线没有必要，笔者更认为在不久的将来，白炽灯会从我们的生活当中消失。以上两个例子都表明，高中物理课程内容要随着时代的发展、生活的变迁不断更新，让更多的使学生适应将来社会发展的必备知识进入高中物理课程当中，这也是高中物理课程时代性特征体现。

新增加的内容，有些是为了改变学生的学习方式而增强学生学习体验的高中物理实验教学内容，有些是随着社会的经济文化发展，学生将来要适应社会生活的必备知识。比如在曲线运动相关知识的学习中，新课程标准就加强了对曲线运动学习的实验操作，让学生加强对曲线运动条件的直观感受，然后再基于实验的直观感受进行物体做曲线运动的条件的抽象和升华，这样的教学才能使学生更加深刻地理解物体做曲线运动的条件，才能够自动化地提取相关条件应用于解决情境问题。再比如关于家庭电路的安全用电和节约用电等知识，新课程标准提出了更加重视相关知识的建议，这在一定程度上能够避免理论学习与实际生活的脱节，避免学生经过多年的物理学习还会混淆家庭用电中的零线和接地线，不知道家庭电路中间接地线的必要性和重要性，加强了与社会生产特别是现实生活有关的必要基本知识和基本技能的学习，切实助力提高学生的物理学科核心素养。

（二）研读教材

下面，按照三个步骤进行教材分析。

（1）泛读整本教材，对教材框架、知识结构等有整体认识。

（2）通读教材本章内容，理解本章知识的逻辑结构。

（3）精读教材本节内容，站在教材编者的高度理解本节内容在教材中的地位和教材的编写如何落实核心素养的教育。

进行教材分析时，往往要思考回答这几个问题：本节课在相应的知识结构中的地位为何？本节课知识与前后知识的联系为何？教材的各环节为什么这样安排？重点知识和难点知识是什么？本节课知识在生活、生产、科学技术、社会中有哪些重要的实际应用，包含了哪些科学方法和素养培养的要素？

案例

自感现象与涡流是高中物理选择性必修二第二章第 3 节的内容，本节内容安排在学生学习感应电流方向的判断和感应电动势大小的计算之后。自感现象是因为导体中自身的电流发生变化时产生的电磁感应现象，它和前面两节学的互感现象的关键区别在于，产生磁通量变化的原因是本身电流的变化，而不是外界原因引起的磁通量变化。本节课在电磁感应知识结构中相应的地位是拓展学生对电磁感应知识结构外延的理解，让学生认识到电磁感应有互相感应的电磁感应和自己感应的电磁感应这两类。本节课还提供了一个让学生将第 1 节、第 2 节感应电流的方向判断和电磁感应电动势大小计算的知识应用到自感现象的新情境中去分析问题、解释现象、解决问题的机会。这是高中物理有效教学回应新课程改革大力提倡的"提高学生整合应用头脑中的物理知识和观念在具体的新情境中去解决实际问题的学科核心素养"的一次良好机会，同时老师还应该认识到自感现象是学生将来学习电磁振荡的知识基础。所以本节课的教学重点不在于重复第 1 节中判断感应电流方向的流程，而是让学生认识到自感现象可以利用第 1 节电磁感应电流方向判断的方法进行感应电流方向的判断，在这个基础上让学生能够自洽地把自感现象作为电磁感应知识结构中的电磁感应这一上位概念之下的一个下位概念，发展和完善学生对电磁感应现象的观念认识。这里的教学难点是在新的问题情境中学生如何依据前面的知识基础去寻找变化的磁通量的来源。找到了自感现象中变化的磁通量的来源，学生也就理解了自感现象与互感现象之间的区别和联系。完成了以上教学之后，教师再介绍自感现象在日常生产生活和科技当中的具体运用，例如收音机里的自感线圈、日光灯的镇流器和生产当中的电焊技术，进一步让物理教学贴近生活，让学生感受到物理知识就在我们的生活中。

综上所述，"自感"教学设计的教材分析如下。

教材分析

以鲁科版高中物理选择性必修二第 2 章第 3 节为例，自感是电磁感应现象的重要实例，同时也是楞次定律应用的重要体现，它揭示了感应电动势的产生与方向，是电磁感应现象体系中的知识。本节课是法拉第电磁感应定律的实际应用，它不是对电磁感应现象内涵的纵向加深理解，而只是对电磁感应现象外延的拓展了解。通过本节的学习，学生能够了解还有一种由于导体自身电流变化而产生的电磁感应现象，它也属于电磁感应现象知识框架的范围。这在清晰了学生对电磁感应现象外延的同时，发展了他们对与电磁感应现象相关的物质观念和能量观念。同时，本节课给学生提供了一个在陌生情境中运用已有知识经验分析和解释物理现象的机会，是提升学生在陌生情境中分析解决问题、科学推理与科学论证能力的一个良好机会。因此，研究自感现象完善了电磁感应规律概念，为学习交流电、电磁波奠定了知识基础。

（三）合理表述教学目标

为了合理表述教学目标，教师要加强对学生学情的诊断与研究。要明确学生已经掌握了什么，现在要达到的教学目标是什么，使用学生能够理解的语言并基于学业质量标准合理准确地表述教学目标。为了使教学目标可测，教学评价有依据，可以使用描述学业质量水平的动词陈述教学目标，使教学目标的陈述明确、具体、可观测和可测量。值得一提的是，教师要明确教学目标的行为主体是学生，但在进行日常教学目标表述的过程中往往可以省略这个主体，让教学目标表达得更加简约高效。

案例

高中物理必修1"速度变化快慢的描述——加速度"。

在课标分析、教材分析的基础上，"速度变化快慢的描述——加速度"教学目标可以进行如下表述。

1. 物理观念

（1）理解加速度的概念，知道加速度是表示速度变化快慢的物理量，知道它的定义、公式、符号和单位。

（2）理解加速度是矢量，知道加速度的方向确定方法，会区分加速度与速度、速度的变化、速度的变化率之间的关系。

2. 科学思维

（1）能运用 $v\text{-}t$ 图象求加速度。

（2）强化用比值定义的物理思想方法，培养学生运用类比的学习方法。

3. 科学探究

通过视频及多媒体课件感受生活实例中运动物体速度变化的快慢，学习基于证据用类比的方法探究推理。

4. 科学态度与社会责任

（1）培养学生学习物理的兴趣和积极性，使学生获得成功的体验。

（2）增强学生的交通安全意识。

三、教学设计案例

下面以"加速度"和"自感"这两节课为例进行教学设计。

（一）加速度概念的教与学

教学内容分析

本课内容为高中物理鲁科版必修一第二章《运动的描述》的第 3 节内容，分两个课时完成，这是第二课时加速度的概念学习。加速度是运动学中一个重要的基本物理量，是将运动和力联系起来的桥梁。由于加速度概念与其他物理知识的联系性强，特别是在分析、解决与动力学相关的实际问题中经常涉及。因此，学生对加速度的理解和掌握程度如何，不仅关系后续必修模块的学习，还将影响以后对选修模块的学习和掌握。由此可见，这一课时的内容是该章知识的重点之一，本节课的关键是促进学生对加速度概念的形成和理解。

学生学习情况分析

前一课时学生学习了速度的概念，以及用比值法描述物体的运动快慢（位置变化快慢），本课时可以让学生回顾引出速度概念的过程，用类比方法迁移到加速度（速度变化快慢）的概念学习。由于学生抽象思维能力不强，对于速度、速度的变化、速度的变化快慢的区别很难分清，在日常生活经验中，与加速度有关的现象也不多，这更给学生形成和理解加速度的科学概念带来了难度。

设计思想

教师创设物理情境，引导学生在观察和体验后有所联想，运用科学思维提炼出科学问题，使教学过程成为发现问题、提出问题、分析问题和解决问题的过程。让学生用探究的方法，经历加速度概念的建立过程，按照从简单到复杂、从特殊到一般的顺序进行探究，顺理成章地引出加速度的概念，然后从公式和图象两个方面理解，对生活中和实验中加速度和速度概念进行分析对比，进一步理解加速度的物理意义。本课时教学的设计流程是：学生主观感受（让他们感受运动物体有速度，运动物体速度有变化，运动物体的速度变化有快有慢）—提出问题—发散类比—拓展探究—交流与合作—分析与论证。

教学目标

同前文"案例"中的教学目标，本处略。

教学重点和难点

重点：加速度的概念及物理意义。

难点：加速度的矢量性。

教学过程设计

1. 播放视频引入新课

情景1：城市中繁忙的交通景象。

设计意图：学生感受运动物体的位置是不断变化的，即运动物体具有速度。

情景2：公路上不同交通工具的运动情况。

设计意图：学生感受运动物体速度有变化。

情景3：轿车启动和火车出站时的启动过程。

设计意图：让学生感受运动物体的速度变化有快有慢。

这时提出问题：轿车的启动与火车的启动有何不同？

学生可能有多种回答情况，例如：

（1）轿车比火车运动得快。

（2）轿车启动所用的时间短。

（3）轿车的速度改变更大。

教师对学生的回答进行鼓励、肯定，经过提示，得出结论为轿车与火车启动过程中速度改变的快慢是不一样的。

2. 新课教学

（1）描述速度改变的快慢。

教师问："物体的速度改变有快慢之分，如何定量描述物体的速度改变的快慢呢？"

用多媒体展示同学们所采集的常见的四种物体运动情况视频和数据表格（见表 2.1.1）。请同学们判断，谁的速度改变快，谁的速度改变慢。

表 2.1.1

物体运动情况	初速度（m/s）	末速度（m/s）	经过时间（s）
甲：小朋友沿滑梯下滑	0	3	2
乙：轿车启动	0	20	2
丙：火车启动	0	20	100
丁：飞机匀速飞行	250	250	100

设计意图：让学生根据数据表概括总结规律，锻炼分析能力，联想类比前一节课是怎样引入速度的概念来描述物体位置变化快慢（运动快慢）的，实现物理学方法的迁移，学习体会物体学的思考与方法。课堂场景如下：

教师问：甲、乙谁的速度改变快？

学生分析：甲、乙经历的时间 Δt 一样，甲的速度变化量为 3m/s，乙的速度变化量为 20m/s，得到乙速度变化快的结论。

教师问：乙和丙谁的速度变化快？

学生分析：乙、丙的速度变化量都为 20m/s，但所用时间不同，乙用时 2s，丙用时 100s，乙用的时间少，速度变化快。

教师问：甲、丙速度变化不同，经历的时间也不同，如何比较它们的速度变化快慢呢？

学生分析：可以用速度变化除以时间，得出单位时间内速度变化多的速度改变快。

教师肯定学生的分析具有普遍意义，算出四者每秒的速度变化值分别为 1.5、10、0.2、0。

(2) 得出加速度的概念。

讲述加速度的定义：物体的速度变化与发生这一变化所用时间的比值，即为物体运动的加速度。表达式：

$$a = \frac{V_t - V_0}{t}$$

单位及符号：米/秒^2（m/s^2）；厘米/秒^2（cm/s^2）。

(3) 深入理解加速度。

举例说明加速度的矢量性：A 车速度在 2 秒内由 10m/s 变为 15m/s，它的加速度是多大？B 车速度在 3 秒内由 10m/s 变为 2.5m/s，它的加速度是多大？

设计意图

学生分组讨论，认识加速度只有大小还不能说明具体问题，还需考虑加速度的方向。然后运用公式理解加速度与速度变化量的方向关系。最后分别做出 A、B 的初、末速度图示，通过图示法确定出速度变化量的大小和方向，做出总结跟速度方向关系；加速运动物体的加速度方向与速度方向相同，减速运动物体的加速度方向与速度方向相反。

学习加速度和速度、速度的变化、速度的变化快慢的关系。

学生对加速度和速度、速度的变化、速度的变化快慢的关系有多种可能理解，例如：速度越大，加速度就越大；速度变化越大，加速度就越大；速度为零,加速度就为零;加速度不变,速度就不变;等等。

教师可结合公式 $a=\dfrac{V_t-V_0}{t}$ 引导学生讨论并得出结论:加速度大不是指速度、初速度、末速度或速度变化大,而是指速度变化与时间的比值大,即在相同时间内速度变化大,或者速度变化率大。再结合相关内容,让学生思考并回答下列问题:

①举一个速度很大而加速度很小的例子。

②举一个速度很小而加速度很大的例子。

③举一个速度变化大而加速度小的例子。

④举一个初速度(末速度)大而加速度小的例子。

⑤举一个速度增大(减小)而加速度减小(增大)的例子。

设计意图

通过以上举例,实现学生思维碰撞,提高思维质量,使学生对加速度和速度、速度变化、速度的变化快慢关系有更深入的理解,从而加深他们对加速度的理解。

理解 v-t 图象中的加速度:在表 2.1.2 中任选一组数据用描点法画出运动物体的 v-t 图象。

表 2.1.2

时刻 t (s)	速度 v (m/s)			
	甲	乙	丙	丁
0	20	35	10	50
5	25	30	30	35
10	30	25	50	20
15	35	20	70	5

设计意图

呈现匀变速运动物体的瞬时速度及对应时刻表,让学生用描点法画出的 v-t 图象,锻炼学生运用图象分析物理问题的能力,认识速度图象中直线的倾斜程度表示加速度的大小，倾斜程度越大，加速度越大。

  点评："加速度"概念是该章重点知识之一，是联系运动学和动力学的桥梁。本节课能通过视频设置物理情景，层层深入，引出加速度概念。思维的展开步骤是：物体有速度—速度有变化—速度变化有快慢—加速度。接着通过类比，应用比值法，得出加速度的定义；然后通过问题讨论辨析，加深对加速度概念及相关物理量的理解。这样的教学设计，学生易于接受。此外给出数据，让学生动手画 v-t 图象，从图象上进一步理解加速度的含义。对加速度和速度、速度变化、速度的变化快慢关系的辨析要增加学生可能的思考方式、老师如何启发引导的学情预设，以实现学生思维碰撞，加深他们对加速度的理解。

第二节　设计与教学目标高度匹配的评价任务

一、评价设计要与高中物理课程标准保持一致

  评价要与课程标准的要求保持高度一致，与学习目标设计保持高度一致。这里说的保持高度一致，包括内容标准和认知要求标准或者学生学业质量标准这两方面的高度一致性。根据布卢姆的认知目标分类学的思想，特别要注意不同的学习内容适用于不同的认知过程。事实性知识适用于记忆的学习过程，概念性知识则适用于理解的学习过程，程序性知识则适用于应用的学习过程，分析、评价、创造的学习过程则大多适用于程序性知识和元认知知识的学习。从另一个角度来说，只有我们的评价设计与课程标准和学习目标保持高度一致，才能使评价的效度和信度达到更高的标准，只有这样的评价设计才是可信的、有效的。另外要注意评价过程和教学过程是教学活动的一体两面，评价过程要镶嵌在教学过程之中。这样的教学过程就会持续不间断地产生评价反馈信息，反馈信息的用户既有老师也有学生，从而为教师下一步的教学和学生下一步的学习提供导航。

二、评价设计应该设计成描述性的反馈和表现性的评价

按照当前大众对教学评价的分类，可以将其分为"为了学习的评价"和"对学习的评价"两大类。这两类评价，顾名思义其最重要的不同在于评价目的不同。对学习的评价是为了甄别、选拔、问责等目的的总结性评价，而为了学习的评价是以促进学习、调整学习为目的，为教师和学生提供基于证据的有关学习达到目标程度的数据。这里的数据不是分数，不是对或错，也不是等级。传统的分数、对或错和等级都是有效信息量非常有限、非常匮乏的评价，这样的评价都经过了过度的编码，导致作为评价信息用户的学生收到"好"或"不好"诸如此类的评价信息，并不知道哪方面好，哪方面不好，学生也不知道自己当前的表现与学习目标之间的距离还有多大，这样的评价信息无法起到指导、调整、改进学生学习的作用。这就要求为了学习的评价必须是以描述性反馈为表现形式的表现性评价，学生就可以结合教学目标和表现性评价的反馈知道自己学习目标达成的情况如何，也就是对于通常所说的"我要到哪里去""我现在在哪里""我现在离目的地还有多远""应该怎么去"等有关信息都能够了如指掌。高中物理教学的有效性取决于反馈性信息的性质和质量，学生的表现就是教师推理得出学生达到预期目标的程度与水平结论的可靠依据，学生在多大程度上达到了学习目标、下一步的教学应该去补哪一些缺漏、新的教学起点在哪里等有关教学决策都要以表现性评价的反馈信息为依据。

三、要设计评价量规，以量规为依据进行表现性评价

我们要提倡让学生参与制定评价量规的具体细则，学生参与评价量规制定的过程就是与教师分享学习目标的过程。有学生参与设计的评价量规，文字表达更接近学生的语言习惯，制定的表现性评价量规的指标就是学生努力的方向。它易于内化为学生的学习目标，具有激发学习动机的功能。它让学生清晰地知道学习的目的地在哪里，而他自己现在在哪里，现在离到达目的

地还有多远，应该沿着怎样的路径往学习目的靠近；让学生知道怎么样的好才是真的好，多好才算真的好，具体在哪个方面好，哪个方面不够好，不够好的方面怎么改进。学生参与了这样的评价量规的设计，就可以促进他们进行正确的自我评价及学生之间的互相评价，自我评价及同学互相评价都是很好的学习过程。这样的学习过程能够促进学生自主学习、自我导向、自我激励、自我监控、自我调整，提高学生的元认知水平，增强学习信心，加强对自我学习状态的认知，这是与新课程改革的目标高度一致的。这样的评价才是新一轮课程改革要求的目标明确、主体多元、方法多样的促进有效教学目标达成的课程评价。

四、自感教学设计案例

（一）教学内容分析

1. 教材内容的重要性和作用

自感是鲁科版选择性必修二第 2 章第 3 节的内容是电磁感应现象的重要实例，同时也是楞次定律应用的重要体现。本章第一节第二点已对该部分内容的重要性和作用做了相应分析，此处不再赘述。另外，涡流现象的知识与人们日常生活生产有着密切的关系，该部分知识的学习有着重要的现实意义。

2. 对教材的处理

课程标准对本节内容的内容要求是：通过实验，了解自感现象和涡流现象，能举例说明自感现象和涡流现象在生产生活中的应用。所谓"了解自感现象和涡流现象"就是对自感现象中的感应电动势与感应电流不做定量计算要求。鲁科版教材的编排很好地诠释了课程标准的内容要求，教材通过通电自感实验和断电自感实验现象，引导学生定性分析了产生自感电动势与自感电流的原因，将自感电动势的定量计算公式放在拓展一步栏目当中做了介绍。这很好地体现了自感电动势的定量求解属于较高要求或进阶要求，因为运用公式 $E=L\dfrac{\Delta I}{\Delta t}$ 求解通电和断电自感现象中的自感电动势大小是一个难点。从上述自感电动势的公式当中可知，自感电动势与自感系数和电流强度的变化率成正比。在一个给定线圈自感系数不变的情况下，自感电动势就只和电流的变化率有关了。这乍看之下是一个简单的问题，其实不然，它属于电感与电阻组成的 LR 电路问题。这个电路中电阻的大小会影响断电时线圈中的电流强度的变化率，因此这个电路断电时产生的自感电动势不但与自感线圈的自感系数有关，还与和它连接的电灯电阻大小有关。设电灯电阻为 R，电感线圈的直流电阻为 R_L，自感系数为 L，电源电动势为 E；当开关 K 闭合且电路达到稳定时，线圈中电流值为（为计算方便，设电源内阻 $r=0$）$I_0=\dfrac{E}{R_L}$；当开关 K 突然断开时，电路中已经没有外电源，由线圈产生的自感电动势维持电路中的电流，由欧姆定律可知：

$$-L\dfrac{di}{dt}=i(R_L+R)$$

即：$\dfrac{di}{i}=-\dfrac{R_L+R}{L}dt$

两边积分得：$\ln i=-\dfrac{R_L+R}{L}t+C$

从而得：$i=e^{(-\frac{R_L+R}{L}t+C_1)}=C_2 e^{-\frac{R_L+R}{L}t}$

代入初始条件：$t=0$，$i=I_0=\dfrac{E}{R_L}$

得：$C_2=I_0$

故：$i=I_0 e^{-\frac{R+R_L}{L}t}=\dfrac{E}{R_L}e^{-\frac{R+R_L}{L}t}$

自感电动势：$e_L=-L\dfrac{di}{dt}=-L\dfrac{E}{R_L}\left(-\dfrac{R+R_L}{L}\right)e^{-\frac{R+R_L}{L}t}=\dfrac{E(R+R_L)}{R_L}e^{-\frac{R+R_L}{L}t}$

从中可以看到，断电自感现象中自感电动势是时间的指数函数。对于目前高中生的认知水平来说，学生容易误认为在这样一个电路中不管电灯电阻如何变化，自感电动势都是确定值。通过以上分析，看到对于自感电动势大小的求解，自感电动势的最大值 $E_m = \dfrac{E(R+R_L)}{R_L}$ 与电源的电动势、线圈电阻、电灯电阻这三个因素都有关。课程标准对该内容有相应的要求，不需要在这个断电自感现象中具体去求自感电动势的大小。基于以上的认识，本节课的教学设计不宜对自感电动势与自感电流的大小做定量讨论，而只需要做半定量的讨论或者是定性的了解。半定量讨论的数据来源于实验，无法做理论的推导；定性的了解是在观察通电和断电自感实验现象的基础上，利用电磁感应定律去做出定性的解释即可。

所以，本节课的教学设计定位是：通过物理实验现象的观察，引导学生应用法拉第电磁感应定律和楞次定律的相关知识，对实验现象做出分析和解释。

（二）学生学情分析

学生学习了判断产生电磁感应的条件、感应电流的方向，以及计算感应电动势的大小等。由于导体自身电流的变化产生的电磁感应现象，这对学生来讲是一个陌生的情境。所以，本节课学习难点在于学生要把电磁感应的相关知识与自感现象的情景发生关联，把电磁感应现象的有关规律应用到一个陌生的情境当中去解释物理现象。

基于以上分析，设计如下教学目标及教学实施流程。

（三）教学目标

（1）物理观念：知道自感现象并且把它纳入电磁感应现象的知识体系中。

（2）科学思维：能将自感现象转换为所学过的电磁感应模型，并对自感现象进行分析和推理。

（3）科学探究：能将自感现象与学习过的电磁感应现象发生关联，做出猜想，发现其中的规律，形成合理的结论，并用于已有的电磁感应规律进行解释。

（4）科学态度与责任：体会物理现象的千变万化和物理规律的统一性，体会物理世界的简单对称与和谐美，进一步激发学习物理的动机和兴趣，增强学习物理的学科情感。

（四）教学实施流程

教学实施流程见图 2.2.1。

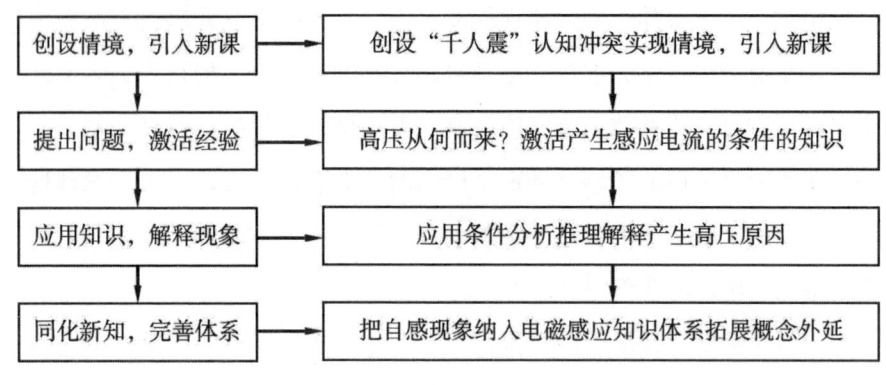

图 2.2.1

1. 引入新课

运用两节干电池开关线圈，以及若干导线设计如图 2.2.2 所示的演示实验，邀请 8 位学生手牵手与电感线圈形成并联电路。当老师把这样一个两节干电池组成的 3 伏电压的电路断开时，8 位学生受到强烈的触电感。经过初中的物理学科学习，学生们都知道人体的安全电压是 36 伏。本实验的两节干电池只有 3 伏特，这时学生们都很自然地产生了情境问题：让 8 位学生有强烈触电感觉的高电压从何而来？

设计意图

设计认知冲突实验情境引起学生的注意，激发学生的求知欲、好奇心和学习动机。

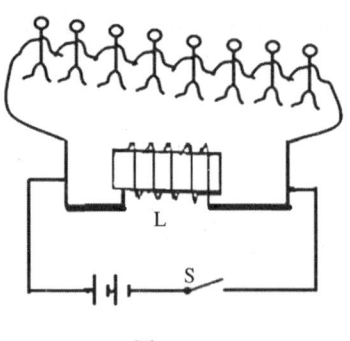

图 2.2.2

2. 通电自感实验

运用两只完全一样的小灯泡设计如图 2.2.3 所示的对比实验。调节滑动变阻器的电阻使其阻值与自感线圈的阻值相同。在闭合开关的瞬间看到小灯泡 1 马上亮了，而小灯泡 2 逐渐亮起来。过了一段时间，两只小灯泡一样亮。

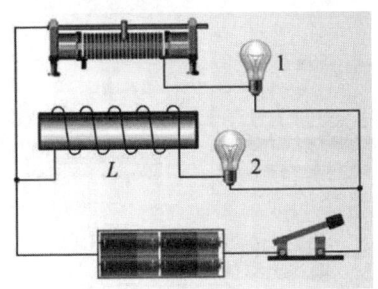

图 2.2.3

设计意图

引导学生基于实验现象做出在线圈中发生了电磁感应现象的猜想。把实验现象与法拉第电磁感应定律和楞次定理相关联，产生两个情境问题：闭合电路由哪些元件构成？变化的磁通量从何而来？在此基础上引导学生应用流程图进行以上的逻辑分析。得出自感电流与原电流方向相反、阻碍原电流增加的结论，对灯泡 2 亮度逐渐变亮做出自洽的解释。如此一来，学生把通电自感现象纳入头脑中原有的电磁感应现象知识体系中，实现了新的物理知识被原有认知结构同化的效果，增强了学习成就感，培养了学生的物理学习情感，其学习过程如图 2.2.4 所示。

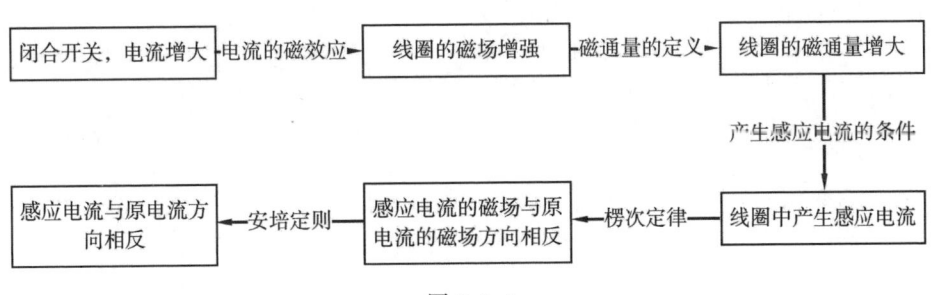

图 2.2.4

3. 断电自感实验

应用通电自感实验将完全相同的器材接成如图 2.2.5 所示电路。先接通电路，调节滑动变阻器阻值，使两个灯泡亮度相同。断开开关时，可以看到灯泡 2 马上熄灭，灯泡 1 没有马上熄灭，而是继续亮了一段时间才熄灭。

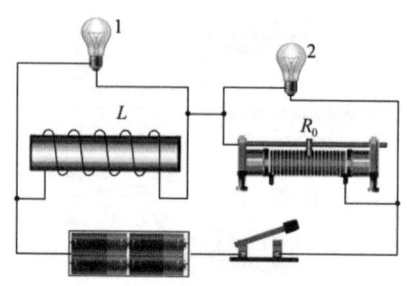

图 2.2.5

设计意图

引导学生应用法拉第电磁感应定律和楞次定律在与通电自感现象相似实验的情境中分析实验现象、做出科学推理、得出科学结论，进一步加深对电磁感应现象内涵的理解，拓宽对电磁感应现象外延的认识，建构更加完善的电磁感应现象知识体系。要特别注意分析断电自感实验现象时，放手由学生自主找到同学进行合作探究，互相交换个人意见，提升合作交流能力，发展物理学科素养。学生在通电自感流程图的启发下，容易得到断电自感的分析流程（如图 2.2.6 所示）。这时再安排学生回顾引入新课时的"千人震"实验，对实验现象做出合理解释。

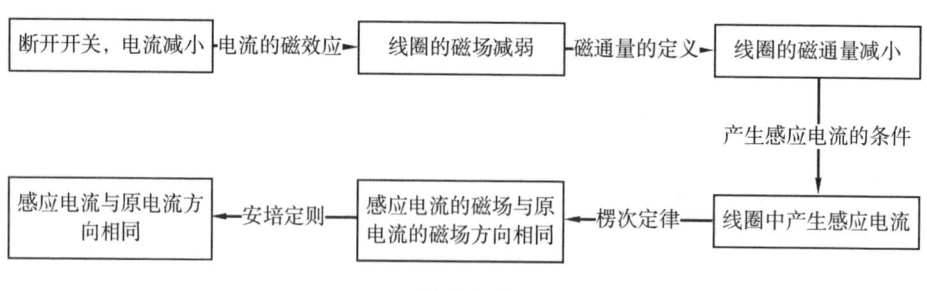

图 2.2.6

4. 演示迷你实验

用自制教具设计一节干电池产生电火花的小实验，让学生更为直观地观察到开关接通与断开时产生的电火花现象，并解释开关火花的原理（如图 2.2.7 所示）。

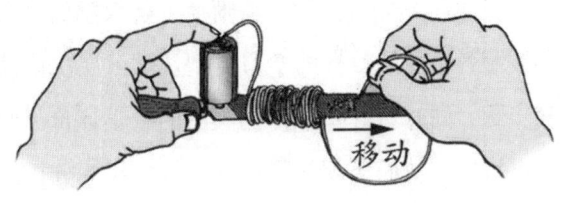

图 2.2.7

设计意图

在理论分析的基础上增加实验演示，增强学生的体验感，并且为理解生产中的电焊技术打下基础。观察开关接通与断开时产生的电火花现象，培养学生在生活中遇到室内可燃气体泄漏时不动电路中任何开关的安全用电习惯。理解在加油站不能使用手机的原理，并把这条安全规则内化为自己的行为准则。

（五）自感现象的应用

介绍日光灯、电焊、安检门、金属探测仪等自感现象在生产生活中的实际应用。

设计意图

让学生增强学以致用的体验，增强学习物理的获得感，进一步感受物理就在我们身边。落实新课程从生活走向物理、从物理走向社会的理念。

第三节 设计与教学目标和评价任务一致的教学活动

基于前文所述的教学目标设计和教学评价设计，在明确学生已经掌握了什么、现在要达到什么目标的前提下，教师可以用教学任务分析的方法找到学生在达到教学目标的过程中，为了达到最后的学习目标，应该要先实现什么目标，然后来确定教学活动如何展开，教学流程如何进行。教学任务分析是指从教学目标开始，运用逆向设问法，反复提出这样的问题：学生要获得这样的知识或技能，他们首先需要具备哪些简单的知识或技能；要具备这些简单的知识或技能，还需要具备哪些更简单的知识或技能。这样一直分析到学生的起点能力为止。教师通过这样的教学任务分析，能够清晰地了解教学的终点目标、使能目标、学习起点，再按照各个使能目标的学习类型及学习层次设计与之相适应的教学策略、方法和步骤，同时做好基于证据收集的教学评价，使教学按照优化的程序通向教学终点目标，从而实现终点目标。教学任务分析能够揭示学生从起点能力到终点目标的实现过程中的逻辑结构、学习的重要节点及学习需要的内部条件，依据学生的学习规律合理选择教学手段、设计教学层次、理清教学顺序、选择教学媒体，使教学过程中的教学事件与学生学习的每个内部加工阶段一一对应起来，并揭示出教学中影响学生学习的各种可控因素。这样可以使教师明确教学活动的目的性，提高课堂语言的针对性，增加教学步骤的清晰度，有助于教师理解教学任务的结构和学生学习所需的条件，可以更加合理有针对性地安排教学活动，做出适合教学的决策，减少教师教学的随意性和盲目性，从而使教师的"教"更好地为学生的"学"服务，让教学设计建立在科学心理学理论之上，从而帮助教师以教学目标为终点，合理地设计教学活动，有效地进行教学评价，打造出高效的物理课堂。

下面以鲁科版高中物理选修3—5第一章第一节（动量定理）为例，说明教学任务分析在优化物理课堂教学中的应用。

教材分析

动量定理是由牛顿第二定律 $F=ma$ 和匀变速直线运动的速度公式 $V_t=V_0+at$ 推导出来的，但从学生的思维发展来说，动量定理的学习比牛顿第二定律的层次更高。动量定理与动量守恒定律是研究宏观、微观物体所必需的知识，是解决力学问题的新途径，牛顿第二定律是学习动量定理的使能目标，而动量定理又是学习动量守恒定律的使能目标，可见动量定理是本章乃至高中物理的重点内容。

教学目标

（1）理解动量的概念，知道冲量的定义，知道动量、冲量都是矢量。

（2）知道动量的变化也是矢量，会正确计算一维的动量变化。

（3）理解动量定理的确切含义和表达式，知道动量定理也适用于变力。

（4）能从牛顿运动定律和运动学公式推导出动量定理的表达式。

（5）会用动量定理解释有关现象并处理有关问题。

（6）渗透物理学研究方法教育，培养学生的推理能力和理论联系实际的能力。

教学重点与难点

教学重点：理解动量的概念，通过理论推导与实验验证得出动量定理，理解动量定理的图式。

教学难点：用动量定理解释有关现象，动量、冲量的方向问题，理解动量定理的图式。

学习层级分析

本节课的学习层级分析如图 2.3.1 所示。

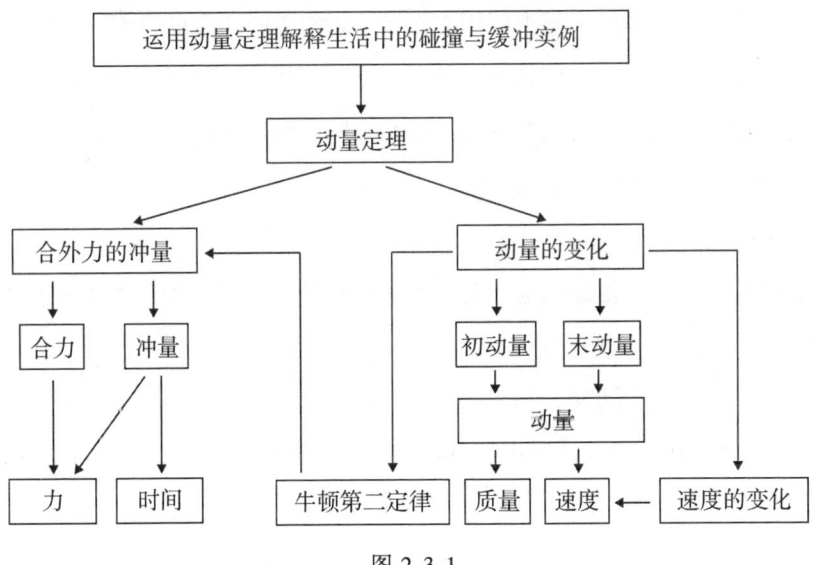

图 2.3.1

学习类型和学习条件分析

学习类型：本课的重点是"通过理论推导与实验验证得出动量定理，理解动量定理的图式"，因此本课属于规律课学习。

学习条件包括必要条件和支持性条件，具体如下。

必要条件：其中力、时间、质量、速度、牛顿第二定律、速度的变化是学生的起点知识，理解冲量、动量、动量的变化的概念是本节课的使能目标，难点为知道动量的变化是不同于初动量与末动量的第三个物理量，它是两个矢量求差得出的第三个矢量。

支持性条件：获得动量定理的演绎推理能力、实验观察能力及数据分析能力，速度的变化的概念知识是促进本节课学习的支持性条件。

教学过程

（1）创设问题情境，引入动量的概念。

①问：以 10m/s 的速度运动的足球和铅球，能不能用头去顶？

答：足球可以用头去顶，铅球不能用头去顶，因为铅球质量太大。

②问：质量很小的子弹高速飞过来时能不能用手去接？

答：高速飞过来的子弹不能用手去接，因为子弹的速度太大。

设计意图：创设现实的情境，使学生理解运动物体的作用效果既与物体的质量有关，也与物体的速度有关，水到渠成地引入动量的概念。

物理学中把物体的质量与速度的乘积叫做动量，公式为：

$p=mv$

速度是矢量，质量是标量，它们的乘积动量是矢量，既有大小又有方向，动量的方向与速度的方向相同。

（2）运用类比的方法，引入动量变化的概念。

一个质量 50g 的网球以 30m/s 的速率水平向右飞行，又以 30m/s 的速率被水平打回。

问题一：网球被击打前后速度有变化吗？若有变化，请求出速度变化的大小和方向。

答：选取水平向右方向为正方向。

打回前的速度 $v_1 = 30\text{m/s}$，

打回后的速度 $v_2 = -30\text{m/s}$，

打回前后的速度变化 $\Delta v = v_2 - v_1 = -30 - 30\text{m/s} = -60\text{m/s}$。

Δv 为负值，表示其方向与规定的正方向相反，即打球前后的速度变化方向水平向左。

问题二：求出网球的动量变化大小和方向。

答：选取水平向右方向为正方向。

打回前的动量 $p_1 = mv_1 = 0.05 \times 30\text{kg} \cdot \text{m/s} = 1.5\text{kg} \cdot \text{m/s}$，

打回后的动量 $p_2 = mv_2 = -0.05 \times 30\text{kg} \cdot \text{m/s} = -1.5\text{kg} \cdot \text{m/s}$，

打回前后的动量变化 $\Delta p = p_2 - p_1 = -1.5 - 1.5\text{kg} \cdot \text{m/s} = -3.0\text{kg} \cdot \text{m/s}$。

Δp 为负值，表示其方向与规定的正方向相反，即打球前后的动量变化方向水平向左。

设计意图：通过呈现实际问题情境，激活并重现学生原有关于速度变化的知识，并通过对原有知识的运用顺理成章地引入动量变化的概念，实现速度变化概念对动量变化概念的同化。

（3）探究动量变化的原因与量度，引入冲量概念

问：由以上问题可知，网球运动员击球时，球拍的作用力使网球的动量发生了变化。那么物体的动量变化与哪些因素有关呢？

答：由牛顿第二定律可知：$F = ma = m\dfrac{v_2 - v_1}{t}$，

上式变形得：$Ft = mv_2 - mv_1$。

变形式表明：力与力的作用时间的乘积等于物体的动量变化。

冲量的概念：物理学中，我们把力与力的作用时间的乘积叫作这个力的冲量。用符号 I 来表示：

$I = Ft$

力是矢量，时间是标量，它们的乘积冲量是矢量，既有大小又有方向，

冲量的方向与力的方向相同。

动量定理：物体所受的外力的冲量等于物体的动量变化。

$I=p_2-p_1$ 或者 $I=\Delta p$

注意：上式是矢量表达式，外力的冲量与物体的动量变化这两个矢量大小相等，方向相同。

设计意图：合理设计教学顺序，使课堂教学符合学生的认知思维逻辑，注重与学生的学习起点牛顿第二定律的衔接，培养了学生的演绎推理能力，同时平顺地引入了冲量的概念，避免了忽略冲量概念来龙去脉的生硬教学。

（4）巩固运用。

①一个质量为60kg的男孩从高处跳下，以5m/s的速度竖直落地。

问题一：男孩落地时曲膝，用了1s停下，求落地时受到的平均作用力。

问题二：假如他落地时没有曲膝，只用了0.1s就停下，求落地时受到的平均作用力。（$g=10m/s^2$）

②课堂动手实验，每位学生的课桌上放一只透明玻璃杯、一块厚度适当的海绵、一只鸡蛋。在透明玻璃杯底部垫好海绵，用手高举鸡蛋让鸡蛋自由下落至杯中；把海绵垫拿走，再把鸡蛋举到刚才同样的高度自由下落至杯中，观察前后两种情况下鸡蛋的破损情况并用本节课所学知识做出解释。

设计意图：应用动量定理解释实际生活中的碰撞与缓冲问题，进一步加深对动量定理的理解。

笔者认为，本节课通过详细的教学任务分析，明确了终点目标、使能目标、学习起点，明确了各使能目标的学习类型和学习条件，找到了学生的学习起点、学习路径和学习关键节点，并且基于学生的起点能力进行教学，遵循学生的认知规律，理清了教学顺序，明确了教学方法和手段，课堂以科学的学习理论为指导，流畅自然，逻辑性强，学生学习效果良好。笔者认为，教学任务分析给高中物理教师教学设计提供了一条清晰的"技术路线"，并且根据学生的学习路径和学习关键节点做出可靠的教学评价，找到改进教学的方法，能够较好地克服当前高中物理教学中普遍存在的盲目性和随意性，是优化高中物理教学的良好策略。

第四节　高中物理新教材的有效利用

教材是高中物理教学的重要资源，高中物理一线教师，一方面要充分尊重教材作为重要资源的地位，充分挖掘高中物理教材在培养和发展学生核心素养方面不可替代的重要作用；另一方面，我们更要尊重学生的知识基础和认知规律，要根据各校、各年级、各班级学生的具体情况，灵活地用好教材，因材施教。对于教材中脱离学生认知经验、违背学生认知规律的个别知识点内容，要大胆地取舍，不要受教材的禁锢，把教教材变为用教材教。只有这样，才能让高中物理课堂教学更好地为落实发展学生的核心素养服务。下面以磁通量概念的学习为例说明对教材的恰当取舍。

鲁科版选择性必修二第5章第2节内容，磁通量概念的引入比较突兀，学习者感受不到磁通量概念引入的必要性，以及磁通量概念的来龙去脉。教材生硬地给出了磁通量就等于磁感应强度与面积的乘积这么一个定义，这对于学生是一个从天而降的新概念，没有让学生体会到物理概念来源于物理现象与物理事实，这是违背学生的认知规律的。笔者把教学顺序做相应调整，先学习电磁感应的现象，再归纳产生电磁感应现象的条件。在归纳产生电磁感应现象条件的过程当中，学生会强烈感觉到需要建立一个新的概念来统一描述产生电磁感应的条件。

探究1

闭合电路的部分导体在匀强磁场中切割磁感线，产生感应电流的现象（如图2.4.1所示）。

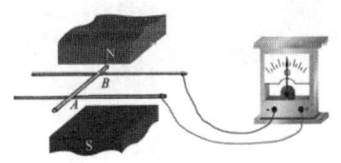

图2.4.1

设计意图

激活学生头脑中相关的知识与技能。学生观察实验对象,发现导体棒在磁场中静止或者平行于磁感线运动时,不会产生感应电流,做切割磁感线运动时才能产生感应电流,从而唤醒学生头脑中导体棒做切割磁感线运动能够产生感应电流的有关知识规律。

探究 2

条形磁铁插入或拔出螺线管产生感应电流的现象(如图 2.4.2 所示)。

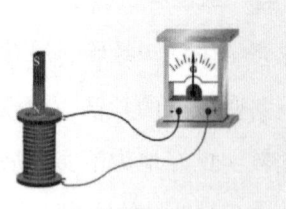

图 2.4.2

设计意图

强化学生对只有相对运动才能产生感应电流的规律的认识。学生观察实验现象,可以发现不管磁场有多强,只要磁铁相对线圈不存在运动,就没有感应电流产生。只有磁铁在插入或者拔出螺线管的过程当中,对于螺线管发生相对运动才能产生感应电流。

探究 3

磁场和导体无相对运动产生感应电流的现象(如图 2.4.3 所示)。

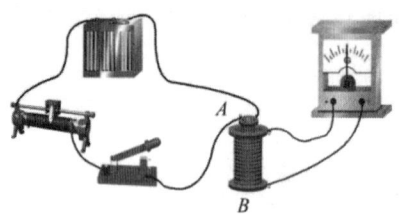

图 2.4.3

设计意图

让学生发现用原有的规律解释不了当前的实验现象，引发认知冲突，促进学生思考到底什么才是产生感应电流的一般原因。

这时再引导学生寻找三个探究中的共同特征。引导学生思考，探究 1 由于相对运动改变了回路的面积，探究 2 由于相对运动改变了回路的磁场的强度，探究 3 是由通断电改变线圈 A 当中的磁场强度，从而改变了线圈 B 的磁感应强度。学生自然能够归纳出：要产生感应电流，要么改变面积，要么改变磁感应强度。为了统一归纳产生感应电流的原因，急需一个统一的新概念，这时再给出磁通量是磁感强度与面积的乘积这个定义。上述过程才遵循学生的认知规律，同时符合物理学知识体系的建构规律。上述形成概念的过程，才有利于学生建构系统化、层次化、结构化的知识体系。这样的教学过程不仅关注学生需要获得的知识和技能本身，更加关注学生要经历怎样的过程、通过怎样的科学方法来获得知识和技能，同时还让学生感受到人类追求科学知识的过程也是一个追求统一与和谐的美学过程，把求真、向善与臻美统一起来。这样的有机的知识体系才是能够随时用于解决陌生情境中问题的知识。这样的教学不是只为了教知识，而是立足于提高学生的关键能力，发展学生的学科素养的过程，是一个高站位、符合新课程理念的教学设计过程。

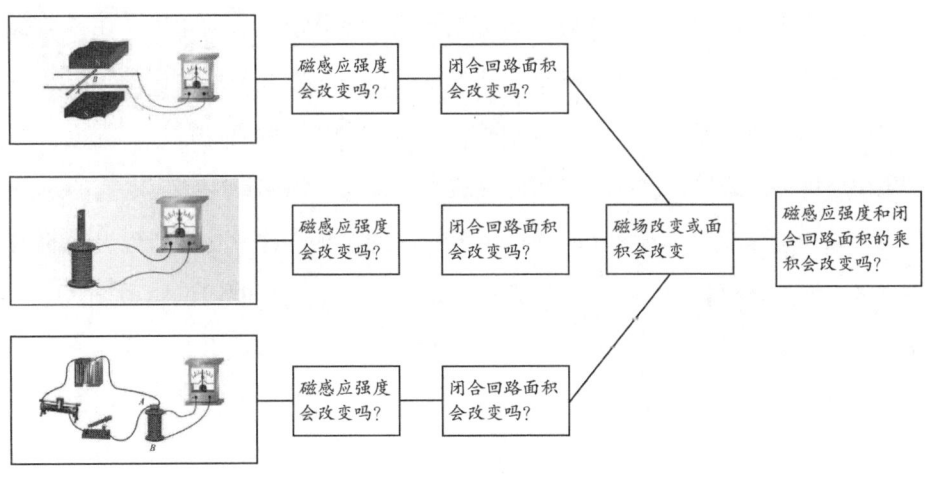

图 2.4.4

在实际课堂教学实践中，应用思维导图把以上的思维过程做一个可视化的呈现（如图 2.4.4 所示）。同时，设计课堂提问如下。

问：在探究 1 中，磁感应强度会改变吗？闭合回路面积会改变吗？
答：磁感应强度不变，闭合回路面积会改变。
问：在探究 2 中，磁感应强度会改变吗？闭合回路面积会改变吗？
答：磁感应强度会改变，闭合回路面积不变。
问：在探究 3 中，磁感应强度会改变吗？闭合回路面积会改变吗？
答：磁感应强度会改变，闭合回路面积不变。
问：磁感应强度改变或者闭合回路面积改变都能产生感应电流，那如何把产生感应电流的条件统一起来？
答：磁感应强度与闭合回路的面积的乘积改变了，就会产生感应电流。
教师：在物理学中，我们就把磁感应强度与回路的面积的乘积叫做穿过这个平面的磁通量。

启示

本节课的教学流程并没有按照教材上的教学顺序，即先呈现磁通量的概念，再进行感应电流产生条件的探究，而是先探究产生感应电流的条件。在科学探究的过程中，学生从实验情境里感受到大量的信息，然后利用已有的知识经验对接收的信息进行思维加工，经过分类、比较、分析、综合、推理，既得出了产生感应电流的条件，也定义了磁通量这个新概念。归纳产生感应电流的条件与定义磁通量这个新概念是同时并行不分先后的过程。这就是新课程提倡的用教材教，而不是教教材。物理学科教材呈现的是一个完整的知识体系，它更多关注的是需要"学什么"，更少关注"怎么学"，教材的叙述更多是陈述式，教材知识呈现的叙述逻辑并不是知识的形成逻辑，所以它不能很好地体现知识背后的方法。在教材的知识体系背后，蕴含着丰富的科学方法与科学思想，一线教师在使用教材教学时一定要注意挖掘知识背后的学科方法与学科思想，遵循学生的认知规律和知识形成的逻辑顺序来设计教学过程,千万不能照本宣科。

第五节 基于物理课程标准设计高中物理有效作业

作业是物理教学过程的一个重要环节,也是课堂教学的延伸和补充,能够帮助学生发展和完善物理观念,促进科学思维能力的提升和科学方法的内化,激发科学探究的兴趣和科学探究水平的提高,形成对物理知识与社会生活及科学、技术、环境关系的正确认识。

在新课程标准的背景下,特别是在当前基础教育领域大力提倡"双减"的背景下,如何切实减轻学生过重的学业负担是新时期给每一位高中物理教师提出的一个大有可为的研究课题。经过长期的教学实践,并结合理论学习与研究,笔者认为基于高中物理课程标准的有效作业设计是促进高中物理教师教学方式和学生学习方式变革、切实减轻学生过重的作业负担、大面积提高高中物理教学质量的有效策略。特别值得一提的是,有效作业设计必须创新作业的内容和形式,依据作业功能目标设计基础性作业、综合应用性作业、拓展探究性作业、实践活动性作业、课前诊断作业、课堂探究作业和课后延伸作业。下面具体谈一谈作业设计的几个基本原则。

首先,要基于课程标准的教学内容标准和学业质量标准设计教学目标,基于教学目标设计有效高中物理作业,增强高中物理作业的针对性和适配性。制定教学目标的依据是《普通高中物理课程标准(2017年版2020年修订)》,新课程标准不但有学业内容标准,还研制了学业质量标准,对高中物理教学要教什么、要教到什么程度、要学到什么程度、做了非常明确的界定。在教学内容上,新课程标准相对2003版的课程标准做出了适当的调整,增加和删减了部分教学内容。学业质量标准是新课程标准的重大创新,新课程标准研制了5个等级的高中学业水平标准,其中学业水平二级标准是高中物理合格性考试要求,学业水平四级标准是高中物理选择性考试要求,学业水平五级标准是发展性要求。在设计教学目标时,要特别注意依据课程标准明确学段目标、学期目标、单元目标和课时目标之间的区别和联系，做到胸怀有大目标，眼中有小目标，落实眼中的小目标是为了胸中大目标落地。在设计课时目标和单元目标等小目标时，要切记结合学业质量标准的阶段要求，不可急功近利，不可要求一步到位。课时目标和单元目标等小目标还应根据概念课、规律课、实验课、习题课、复习课等不同类型课程的特点及不同的教学内容和学业质量的阶段标准设计相应的教学目标。在此基础上，高中物理有效作业要紧扣教学目标，同时考虑高中学段各个年级学生的认知水平、认知基础、认知特点、认知规律和学生的身心发展水平依据课型特点，设计出难度合适、梯度合理、题量适中的有效的高中物理作业。特别是在设计难度较大的试题时要适当搭建"台阶"让学生可以攀登，使学生完成作业后有较大成就感，对学习物理更有信心、更有兴趣。通过这样的作业设计，学生完成作业的过程既是诊断和评价教学目标达成度的过程，也是进一步完善物理观念，提升科学思维水平，形成和发展核心素养的过程。

总之，在新课程标准视角下，高中物理作业设计应该紧紧围绕高中物理课程目标、内容要求、学业质量水平标准，贴近社会生产、生活和科技前沿发展，同时关注学生的个体差异设计出具有基础性、选择性、时代性、差异性、层次性、梯度性、针对性的优质作业，落实新课程的立德树人目标，发展学生物理学科核心素养，从而为学生终身发展和应对将来社会发展的挑战打下坚实基础。

下面以鲁科版高中物理必修一第五章牛顿运动定律为例，说明如何进行高中物理有效作业设计（如表2.5.1所示）。

表2.5.1

教材模块	牛顿运动定律
学情分析	学生在初中已经学习过运动和力的关系有关知识，有了惯性的初步概念。进入高中后，经过必修一模块前五章的学习，已经建立了位移、瞬时速度、平均速度、加速度等物理概念，建构了质点、匀变速直线运动、自由落体运动等物理模型，为本章定量的描述运动与力之间的关系打下了知识基础与认知能力基础。

续表

教材模块	牛顿运动定律
作业功能	帮助学生形成正确的运动和相互作用观，掌握理想实验和控制变量法等科学思维方法，运用牛顿运动定律解释生产生活中的现象，养成良好的科学态度与责任。
作业目标	1. 设计课堂前置性作业，激活初中阶段已经学习过的牛顿第一定律知识，并深入理解和掌握牛顿第一定律。 2. 设计课中情境作业，帮助学生深入地理解牛顿第二定律的矢量性、瞬时性。 3. 设计联系生活情境的作业，帮助学生加强交通安全意识，发展交通安全的观念。 4. 设计联系生活的实践性作业，培养加强学生理论联系实际的解决问题的能力。
作业题型	探究题

基础性课堂前置性作业

作业内容	设计意图
1. 小球从同一高度释放，滚下固定倾角的斜面，然后滚上另一斜面。假设另一斜面的表面覆盖着不同粗糙程度的物质（如毛巾、纸板、玻璃等）。 （1）观察和思考 ①当小球在不同粗糙程度的表面上滚动时，它到达的最高位置是否相同？为什么？ ②当小球在较粗糙的表面上滚动时，它的最高位置是否比在较光滑的表面上低？这说明了什么现象？ （2）推理和解释 ①当小球在较粗糙的表面上滚动时，摩擦力是如何影响小球的运动的？	巩固和拓展初中知识：学生在初中阶段已经学习过牛顿第一定律，本题旨在巩固初中的基础知识，并通过实验探究的方式，帮助学生更深入地理解和掌握牛顿第一定律的含义和应用。 利用伽利略理想实验搭建认知台阶：伽利略的斜面实验是物理学史上的经典实验，引入这个实验，可以激发学生对物理学历史的兴趣，同时也是对牛顿第一定律的引入和铺垫，帮助学生从直观上理解惯性的概念。

续表

作业内容	设计意图
②当摩擦力减小（例如，从毛巾表面改为玻璃表面），小球能够到达的高度是否增加？这与摩擦力的作用有什么关系？ （3）进一步探究 ①如果摩擦力完全消失，小球会怎样运动？它能否回到原来的高度？ ②如果我们逐渐减小斜面的倾角，直到斜面变为水平，小球的运动状态会发生什么变化？ 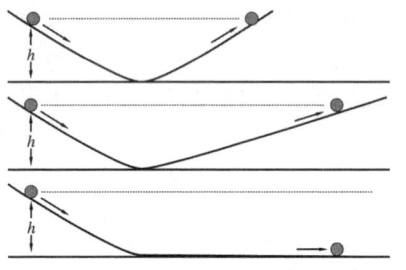 （4）引入牛顿第一定律：根据上述观察和推理，试着用自己的话阐述牛顿第一定律。牛顿第一定律在这个实验中是如何体现的？	培养学生观察、推理和实验探究的能力：通过观察小球在不同粗糙度表面上的运动情况，学生可以锻炼自己的观察力和思考力，学会通过实验现象去推理物理规律。 引导学生自主学习和探究：设计问题的过程中，引导学生自己去思考、探究和解答，培养学生的自主学习能力和探究精神。 深化科学本质认识、培养科学态度与责任：通过引导学生观察、思考、推理、解释和进一步探究小球在不同粗糙程度表面上的滚动情况，体现了多个方面的科学态度与责任。首先，它培养了学生的好奇心和求知欲，激发了他们对物理现象的兴趣。其次，它要求学生以严谨和批判性的态度去观察实验、分析数据和提出假设。通过这个过程，学生学会了如何基于证据做出合理的推断，并且深化了对科学本质的认识。此外，这个问题还鼓励学生进一步探究，培养了他们的探索精神和解决问题的能力。

探究拓展性作业	
作业内容	设计意图
2. 阅读下列材料，回答问题。 影片《萨利机长》是根据2009年全美航空1549号航班迫降事件中航班机长萨利的真实事迹改编。2009年1月15日，全美航空公司一架空中客机正从纽约飞往北卡罗莱纳州，但飞机爬升过程中，	物理知识的应用：题目涉及多个物理概念，如超重、失重、作用力与反作用力、惯性、摩擦力等，考查学生对这些基本物理概念的理解和应用能力。

续表

作业内容	设计意图
遭到了鸟群撞击，导致两个引擎同时熄火。失去动力的飞机正在急速下降，而机场周围则是车来人往的商业闹市区。于是萨利机长驾驶飞机迫降在哈得孙河上，在萨利机长和机组人员、救援队的努力下，全机乘客及机组人员，包括一名9个月的婴儿和一名幼儿在内的155名机上人员全部幸存，纽约州州长帕特森称这为"哈得孙河奇迹"。 （1）该飞机在竖直方向加速上升或加速下降时所处的状态分别是（　　）。 　　A. 超重、超重　　B. 超重、失重 　　C. 失重、超重　　D. 失重、失重 （2）小鸟和飞机相撞时，下列说法正确的是（　　）。 　　A. 小鸟对飞机有撞击力，而飞机对小鸟没有撞击力 　　B. 小鸟对飞机没有撞击力，而飞机对小鸟有撞击力 　　C. 小鸟对飞机有撞击力，飞机对小鸟也有撞击力，而且两个力大小一定相等 　　D. 小鸟对飞机的撞击力与飞机对小鸟的撞击力是一对平衡力 （3）如果飞机在飞行过程中碰到极端恶劣天气或其他安全原因需要迫降，飞行员需要把飞机燃油先放空。放空燃油的目的是（　　）。 　　A. 放空燃油会增加飞机的惯性，使飞机迫降时更加稳定 　　B. 放空燃油会减小飞机的惯性，使飞机迫降时更容易停下 　　C. 放空燃油不会改变飞机的惯性，只是为了防止飞机迫降时起火爆炸 　　D. 放空燃油会改变飞机的惯性，同时也为了防止飞机迫降时起火爆炸	结合实际情境：描述真实的航空事件，将物理知识应用于实际情境中，考查学生将理论知识应用于实际问题解决的能力。 综合分析能力：题目要求学生综合分析不同物理现象和原理，如飞机迫降时的力学状态、燃油放空对飞机惯性的影响、紧急出口气囊的作用等，考查学生的综合分析和解决问题的能力。 安全意识的培养：展示飞机迫降的情景，培养学生的安全意识和应急处理能力，使他们了解在紧急情况下如何保护自己和他人的安全。 物理原理的深入理解：运用具体的问题情境引导学生深入理解物理原理，如作用力与反作用力的关系、物体运动的惯性特性等，加深学生对物理学基本概念的理解。

续表

作业内容	设计意图
（4）飞机在机场安全迫降后，会立刻打开机舱的紧急安全出口，然后马上在紧急安全出口与地面之间搭建起一条倾斜的充气气囊，乘客就可以沿着倾斜的充气气囊快速下滑离开飞机机舱。乘客沿充气气囊斜面加速下滑过程中（　　）。 A. 乘客受到 2 个力的作用 B. 乘客受到 5 个力的作用 C. 乘客所受合力沿斜面向下 D. 乘客受到斜面的作用力竖直向上	

课中巩固性作业	
作业内容	设计意图
 3. C919 飞机是中国首款按照国际通行适航标准自行研制、具有自主知识产权的大型客机。某同学查阅资料得知，飞机飞行过程中所受升力的计算公式为 $Y=0.5\rho CSv^2$，其中 Y 为升力，ρ 为空气密度，C 为升力系数，S 为机翼的特征面积，v 为飞机相对空气的速度。以下关于升力系数 C 的单位的说法正确的是（　　）。 A. 无单位 B. N/m C. N/m² D. kg/（m²·s²）	理解量纲概念：通过分析升力公式中的各个物理量，学生可以理解量纲在物理学中的重要性，以及如何通过量纲分析来检查验证物理公式的正确性。 掌握力学单位：题目要求学生确定升力系数的单位，这有助于学生了解和掌握国际单位制中的力学单位，如牛顿、米、秒等，以及这些单位在物理学中的应用。 培养分析能力：通过对公式中各物理量单位的分析，学生可以培养自己的逻辑思维和分析能力，这对解决物理学中的运动和力的问题非常重要。 加深对物理概念的理解：虽然不要求掌握升力的具体计算，但通过这道题目，学生可以加深对升力及相关物理概念的理解，为后续学习打下坚实的基础。

续表

课中素养提升作业	
作业内容	设计意图
4. 一个质量为 $m=50$kg 的滑冰爱好者在水平地面上向右做直线滑行。滑冰爱好者在经过一段水平粗糙的冰面后又滑上一条光滑的倾斜冰面。滑冰爱好者身上安装有速度传感器，可以测出瞬时速度，速度时间图象如图所示。 任务 1：为了研究滑冰爱好者是做加速运动还是减速运动，可以把滑冰爱好者看作质点吗？ 任务 2：滑冰爱好者在粗糙水平冰面和光滑倾斜冰面上滑动过程中加速度方向是怎样的？物体的受力情况又是怎样的？ 任务 3：以滑冰爱好者为研究对象，对某一个运动过程建立牛顿第二定律方程式，是否能够求出力 F 的大小？ 任务 4：若规定滑冰爱好者运动方向为正方向，两个过程对应的牛顿第二定律方程式是怎样的？力 F 多大？ 任务 5：通过上述任务的学习，你将如何完善今天总结的知识结构图？ 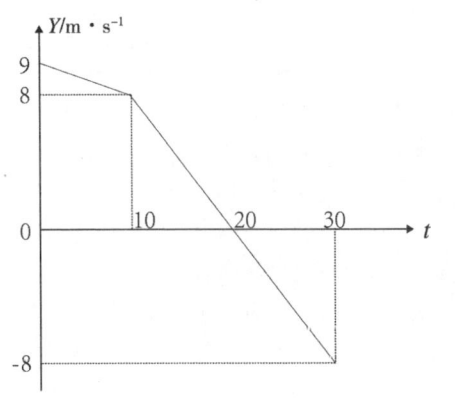	培养科学思维：题目要求学生分解运动过程，画出草图，进行受力和运动分析，培养学生的问题分析能力和逻辑推理能力。同时，使用牛顿运动定律解决多过程的动力学问题，加强学生对物理定律应用的理解和能力。 强化物理观念：分析物体在不同过程中的受力情况和加速度方向，加深学生对牛顿运动定律的理解，特别是对牛顿第二定律的应用，以及力和加速度之间的关系。 培养科学态度与责任：本题将复杂问题转化为多个简单问题，培养学生勇于探索的科学精神。同时，成功解决问题有助于增强学生学习物理的动力，培养学生的责任感和自信心。 促进科学探究：通过建立牛顿第二定律方程式并求解力 F 的大小，让学生亲自参与到物理问题的探究过程中，体验科学探究的过程，从而加深他们对物理学科核心素养的理解和掌握。

作业内容	设计意图
5. 有些国家的交通管理部门为了交通安全，特别制定了死亡加速度为 $500g$（$g=10m/s^2$），如果行车加速度超过此值，将有生命危险。一般情况下，车辆是无法达到这一数值的，但如果发生交通事故，将会达到此数值。试问： （1）一名中学生没佩戴安全头盔骑超标电动车，以 60 km/h 的速度行驶，在一个路口与一辆突然冲出的汽车相撞，碰撞时间为 0.02 秒，该学生是否有生命危险？ （2）假设中学生戴了头盔，碰撞导致头部受到的冲击时间延长了 0.1 秒，该学生是否有生命危险？ （3）电动车和中学生的总质量为 100 kg，求未佩戴头盔时中学生所受的最大力。 （4）除了"一盔一带"外，还有哪些措施可以减少交通事故带来的危害，请结合物理知识和实际生活经验给出你的建议。	本题通过一个与中学生日常生活密切相关的电动车事故情景，让学生应用牛顿运动定律来分析碰撞中的加速度，理解安全头盔在保护头部方面的作用。通过这个问题，学生不仅能够加深对物理知识的理解，还能增强自身的交通安全意识，认识到在骑行电动车时佩戴安全头盔的重要性。最后通过开放性问题，学生可以结合物理知识和实际生活经验，从不同角度思考如何减少交通事故带来的危害。这不仅能够加深学生对物理知识的理解，还能培养他们的科学探究与责任。同时，这也有助于提高学生的交通安全意识，促使他们在日常生活中采取更为安全的行车行为。
课后巩固性作业	
作业内容	设计意图
6. 某互联网物流配送公司正在尝试运营无人机送外卖的新模式。一架无人机在往高层住宅送货时，携带外卖箱从地面以 $2m/s^2$ 的加速度由静止开始竖直向上做匀加速直线运动，1s 后开始匀速上升，当高度达到 16m 时无人机开始做匀减速直线运动，又经过 2s 到达用户阳台附近，此时无人机恰好悬停。 已知外卖箱中携带质量为 3kg 的货物，整个运动过程中无人机可视为质点，重力加速度 $g=10m/s^2$，不计空气阻力。求：	综合应用物理知识：题目涉及匀加速直线运动、匀速直线运动、匀减速直线运动等多种运动模型，考查学生综合运用这些知识点解决实际问题的能力。 理解力学概念：计算无人机的运动时间、距离和货物对外卖箱的压力，加深学生对速度、加速度、位移、重力和正压力等基本力学概念的理解。

续表

作业内容	设计意图
（1）无人机匀速上升的时间。 （2）用户阳台距地面的高度。 （3）减速上升过程中，货物对外卖箱的压力大小。	培养解决问题能力：题目要求学生分析无人机的运动过程，根据已知条件和物理公式求解未知量，培养学生分析问题和解决问题的能力。 联系现实生活：题目以无人机送外卖这一现实生活中的新兴技术为背景，激发学生的学习兴趣，使学生意识到物理学知识在现实生活中的应用价值。 促进思维发展：题目通过解决具体问题，促进学生的逻辑思维、空间思维和计算能力的发展。

实践活动性作业

作业内容	设计意图
7. 你将参与一个高空落蛋活动，目标是设计一个装置，使得从一定高度落下的鸡蛋能够完好无损。请按照以下步骤进行实践和探究： （1）设计思路：使用什么材料和结构来保护鸡蛋？如何利用物理原理（如缓冲、分散冲击力等）来减少冲击？ （2）实施方案：制作你的保护装置，并描述其工作原理和制作过程。 （3）实验测试：将装有鸡蛋的保护装置从指定高度落下，观察并记录结果。 （4）分析与改进：根据实验结果，分析保护装置的优缺点，并提出改进方案。	设计保护装置来保证鸡蛋完好无损地落地，让学生将物理知识应用于解决实际问题之中，如缓冲、分散冲击力等物理原理的应用。小组合作完成保护装置的设计和制作，培养学生的创新思维和团队协作能力。实际制作和测试保护装置，增强学生的动手操作能力和实践能力。

第三章 高中物理有效教学的技术整合策略

第一节 物理教学与信息技术

信息技术对物理教学的赋能经历了三个发展阶段。第一阶段是信息技术辅助教师的教，也就是计算机辅助教学阶段，俗称 CAI 阶段，这个阶段时间大致是在 20 世纪 60 年代至 80 年代。第二阶段是信息技术辅助学生的学，也就是计算机辅助学习阶段，俗称 CAL 阶段，这个阶段时间大致是在 20 世纪 80 年代至 90 年代。自 20 世纪 90 年代以来，以计算机多媒体技术和网络技术为代表的信息技术高速发展。依托信息技术的发展，新时代的教育技术同样取得了突飞猛进的进步。这迎来了第三阶段也就是信息技术与学科课程的整合阶段，信息技术与物理课程深度融合阶段俗称 IITC 阶段，这个阶段的时间是 20 世纪 90 年代中期至今。第一阶段主要是以计算机多媒体技术辅助教学内容的呈现、真实实验的模拟、虚拟实验的呈现、思想实验的建构、超大时空的压缩、瞬时现象的保持等方式来辅助教师突破教学难点和突出教学重点。第二阶段是在建构主义认识论被广泛接受的前提下，高中物理课堂从过多地关注教师如何教逐渐转移到更多地关注学生如何学。可以存在没有教的学，但是不可能存在没有学的教。正如崔允漷教授所说：教了不等于学了，学了不等于学会了。这一阶段信息技术与物理教学的结合点主要在于创设物理学习情境。应用计算机多媒体技术对文本、图形、图像、声音、动画、视频等进行处理，创设有利于学生学习的物理情境。学生通过经历物理情境、感受物理情境产生情境问题，进一步在提出问题、分析问题、解决问题的过程中建构物理知识的意义，提升和发展物理学科素养。第三阶段是信息技术与物理教学深度融合阶段。计算机多媒体与网络技术，作为现代信息技术的核心内容在教育领域广泛应用并普及，这不仅极大地改变了知识传授的方式和手段，更深刻地影响了教育理念、教学模式和教学方法的革新与发展。这个阶段对高中物理教学来说，信息技术已经不仅仅是一种辅助教学的工具，而是高中物理课程的有机组成部分。教师不但要发挥信息技术的学习情境创设功能，更要充分发挥信息技术的认知功能、情感激励功能，把信息技术融合到高中物理课堂的各个环节当中，成为高中物理课堂的有机组成部分，培养学生的创新精神和实践能力。

在多年的教学实践中，笔者认为要做好信息技术与物理学科课程的融合，特别要注意如下几点：第一，教师的教育观念必须转变，这是重中之重的核心问题。教师的知识观、学生观、教学观都要发展更新。如果教师把知识认为是客观存在不需要建构的实体，把学生当作容纳知识的容器，把教学当作知识传递的过程，那么他在课堂上就会利用信息技术的优势，大容量地毯式全方位地给学生提供轰炸式信息，认为课堂呈现的知识越多，学生接受的知识就会越多，课堂的效率就会越高，而忽视了学生建构知识的信息加工过程，无视学生的学习主体地位。这时信息技术就会成为增大课堂容量，增大学生认知负荷，增加学生课业负担的坏技术。第二，要正确处理学生思考与计算机多媒体直观呈现的关系。毋庸置疑，计算机多媒体技术可以很快捷地呈现学生难以建构的空间关系、难以想到的物理情境。但如果忽略了学生思考过程的直观情境呈现，表面看来学生看到了、知道了有关的空间关系和物理情境，而实质上这样一个缺乏建构过程而只有结果的呈现，不但会让学生失去应有的培养思维能力的机会，也会使学生对相关的空间关系和物理情境理解不深不透，无法做到融会贯通、灵活应用。有鉴于此，我们只有把信息技术作为辅助搭建学生认知支架的有效工具，扎实地一步一个脚印经历知识的建构过程，才能建构起知识的个体意义，形成对知识的全面深入的理解。这样的高中物理课堂才是有效的课堂。

第二节　使用信息技术辅助教学

一、几何画板辅助高中物理教学

（一）几何画板软件介绍

几何画板软件有不同的版本，本文以 5.06 中文版为例介绍几何画板软件的界面。如图 3.2.1 是几何画板的软件界面，它和一般的工具软件相似。在界面的左侧一排是工具箱栏，从上至下分别是选择箭头工具、点工具、圆规工具、线段直尺工具、多边形工具、文本工具、标记工具、信息工具、自定义工具。需要选择某一工具时，用鼠标单击该工具的图标即可。在界面的下侧是文本工具栏，与 Word 文档的文本工具栏使用方法相似。

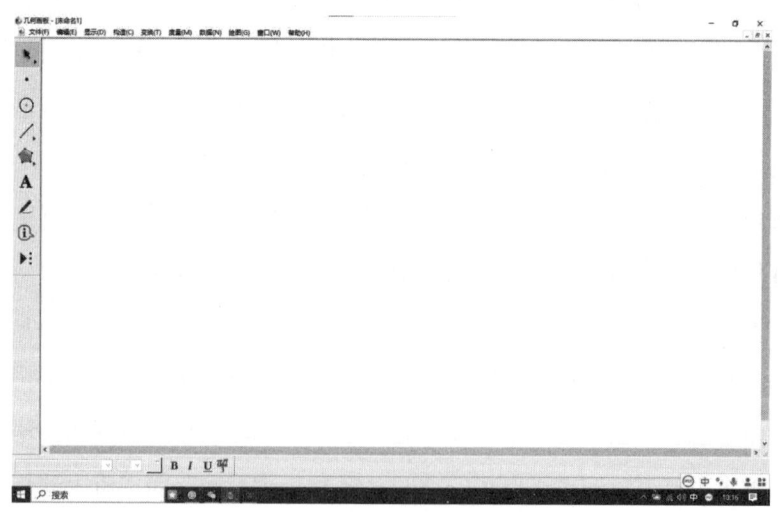

图 3.2.1

1. 工具箱栏和文本工具栏

在这里值得一提的是几何画板软件的自定义工具包的安装。一个新安装的几何画板软件的自定义工具栏是空的，为了能够更加高效和便捷地使用几何画板软件为教学服务，我们可以安装一些常用的自定义工具。进入网址为

http：//www.downcc.com/soft/128288.html（图 3.2.2）的绿色资源网，找到几何画板自定义工具，选择"本地下载"，可以免费下载一个几何画板自定义工具安装包的压缩文件，解压缩得到一个自定义工具的文件夹。然后点击左侧工具栏"自定义工具"，点击"选择工具文件夹"，点击"选择"自定义工具文件夹合集（图 3.2.3）就完成了自定义工具的安装。如图 3.2.4 所示，有专门的大量的物理工具供选择使用，为广大高中物理教师高效地使用几何画板为教学服务提供了很好的帮助。

图 3.2.2

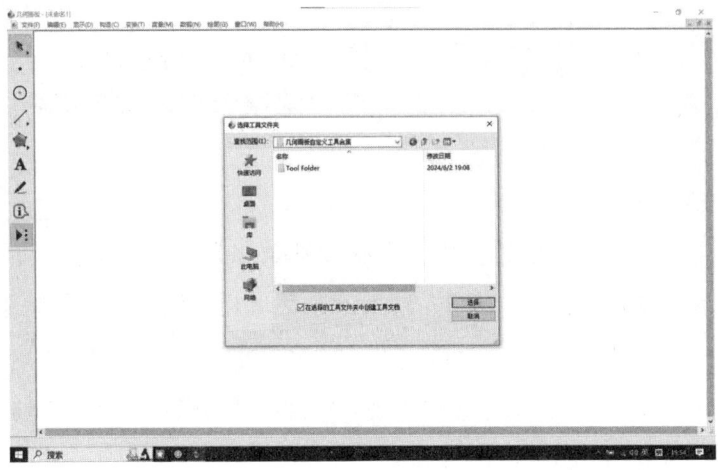

图 3.2.3

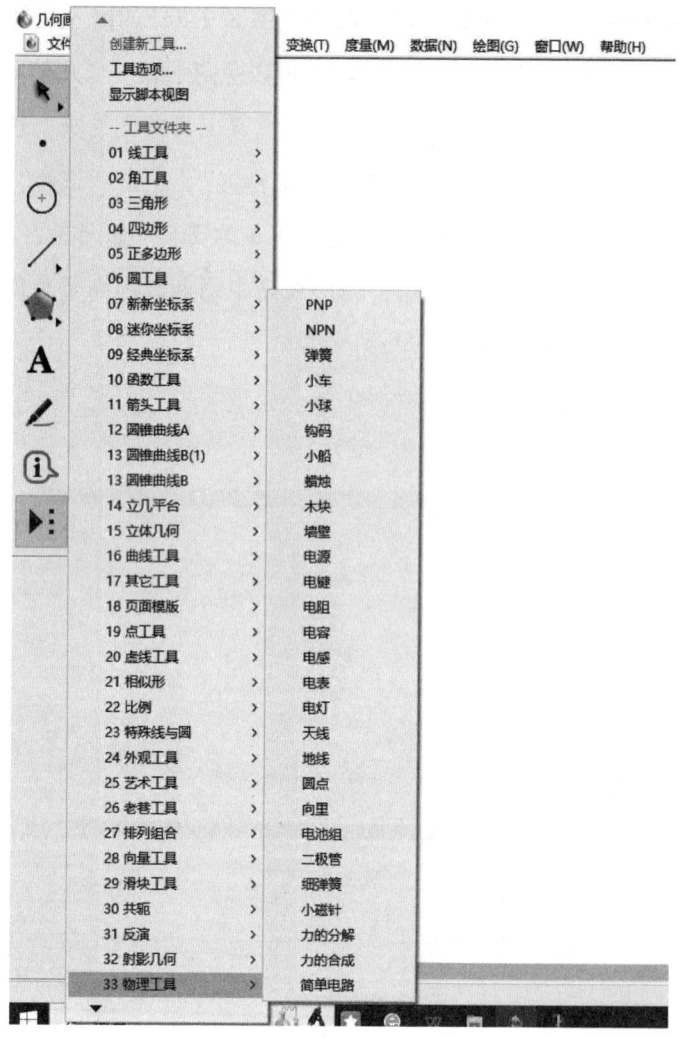

图 3.2.4

2. 菜单栏

在界面的上侧是菜单栏。从左至右分别是：文件、编辑、显示、构造、变换、度量、数据、绘图、窗口、帮助十个菜单栏。值得一提的是编辑菜单栏，"操作类按钮"菜单的"动画（A）"功能可以为高中物理教学制作大量的精准动画，是高中物理教学创设直观、精准的学习情境的良好工具。

（二）应用几何画板制作课件

下面以高中物理"机械振动"中弹簧振子动画课件为例说明如何用几何

画板进行动画课件制作。

（1）点击"数据"菜单栏"新建参数（W）"菜单，建立时间参数 $t=0$，如图 3.2.5 所示。

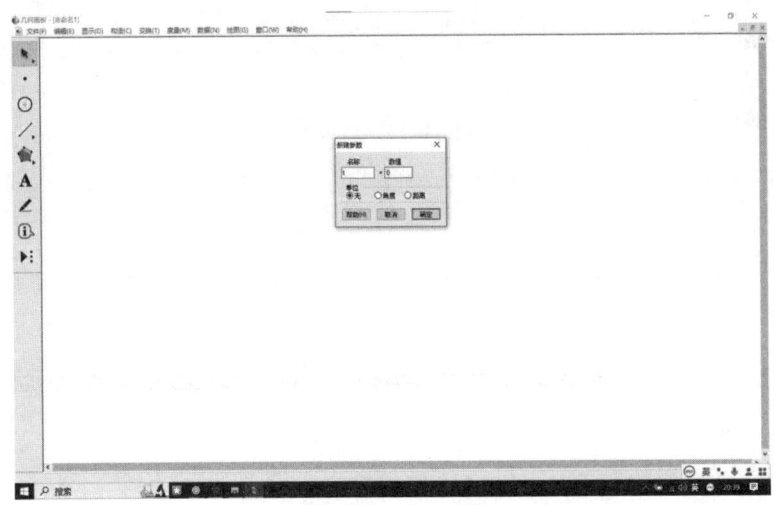

图 3.2.5

（2）点击"数据"菜单栏"计算（U）"菜单，在弹出的对话框中输入如图 3.2.6 所示的公式。

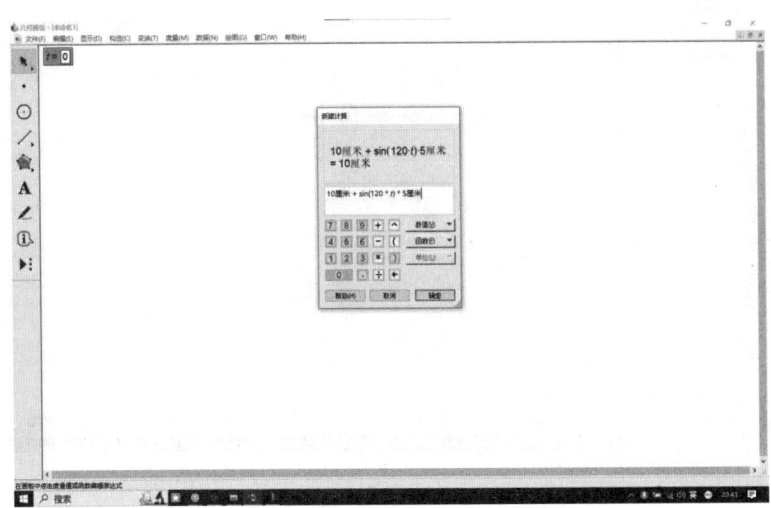

图 3.2.6

（3）选择公式，点击右键，在弹出的对话框中选择标签填入 X，完成为

X 赋值,如图 3.2.7 所示。

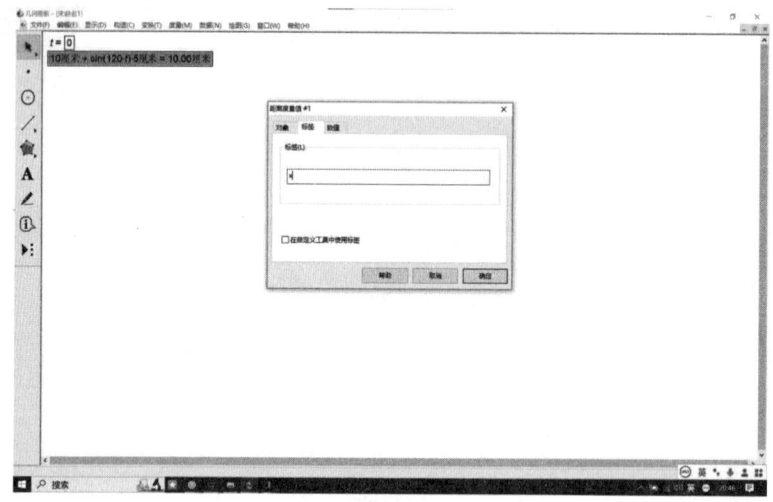

图 3.2.7

(4) 选择参数 $t=0$,点击"操作类按钮"菜单的"动画(A)",动画方向选择增加,动画改变数值以 1.0 单位 每 1.0 秒,范围从 0.0—1000.0,点击"确定"就完成了这项动画设置,如图 3.2.8 所示。

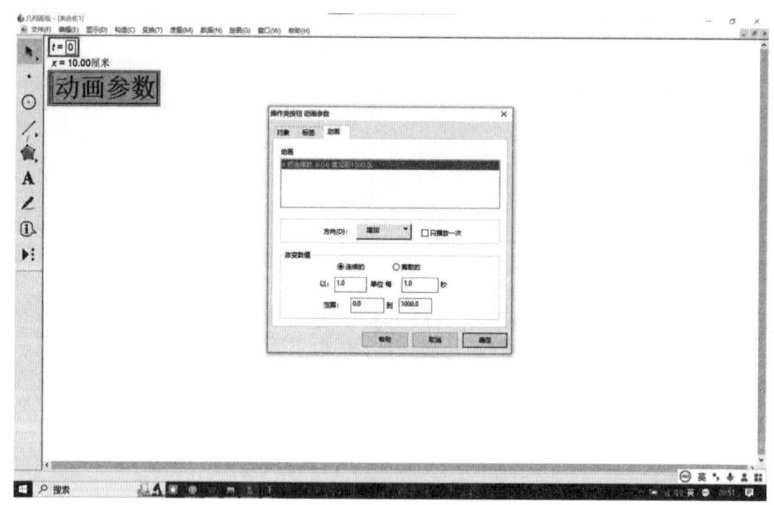

图 3.2.8

(5) 选择参数 $t=0$,点击"操作类按钮"菜单的"动画(A)",动画方向选择随机,勾选只播放一次,动画改变数值范围从 0 到 0.0001,点击"确定"就完成了恢复零位的动画设置,如图 3.2.9 所示。

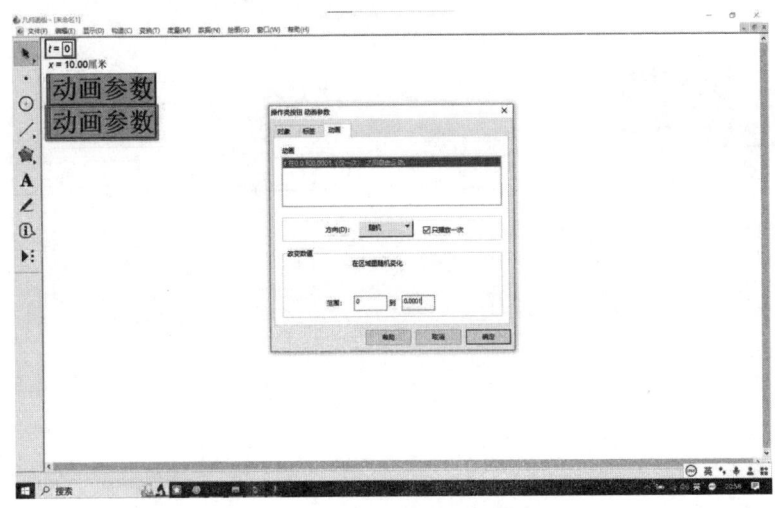

图 3.2.9

(6) 用画点工具在画板中做一点 A,用"变换"菜单的"平移"功能,选择极坐标固定角度 0,固定距离 16 厘米构造点 A',连接 AA' 得到一条线段,如图 3.2.10 所示。

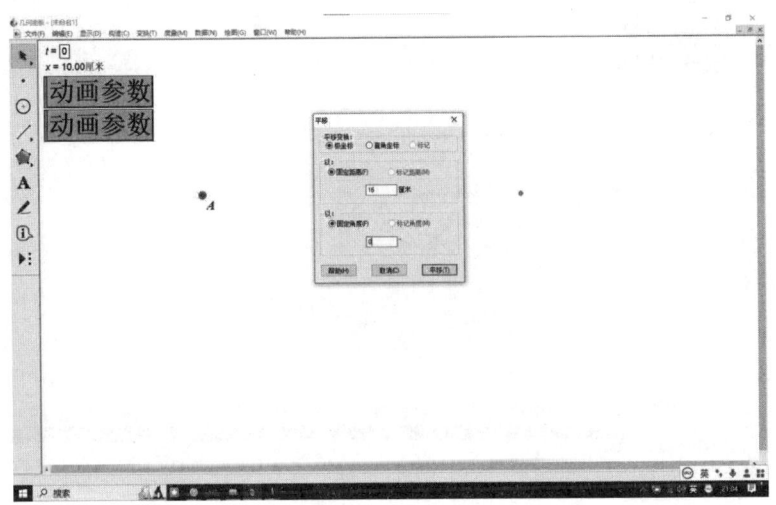

图 3.2.10

(7) 选择 X 参数,用"变换"菜单的"标记距离"功能进行标记,再选择用"变换"菜单的"平移"功能按"标记距离"平移得到 A'' 点,如

图3.2.11所示。

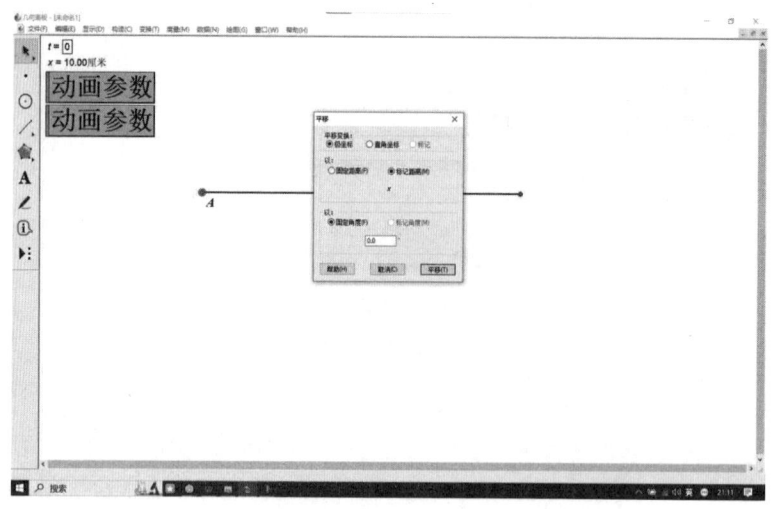

图 3.2.11

（8）用自定义弹簧工具把 AA'' 点连接起来，再用"平移"功能，选择"固定距离"0.3厘米构造点 A'''，如图3.2.12所示。

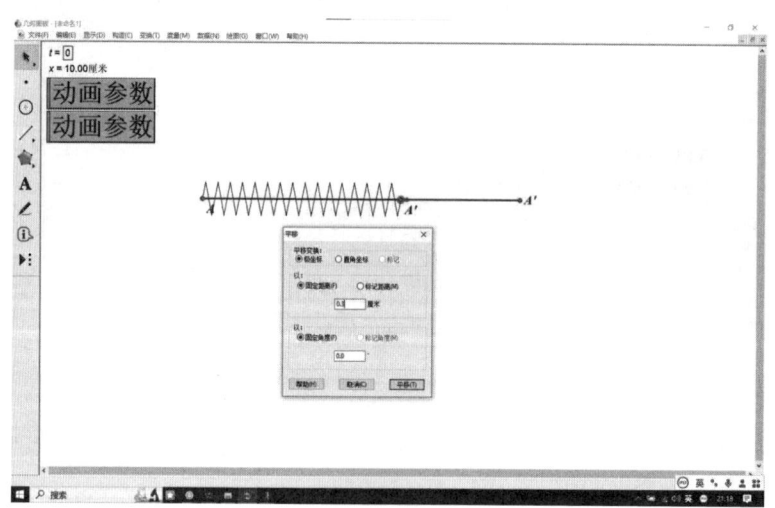

图 3.2.12

（9）以 A 和 A''' 两点构造一个圆，再把两个动画参数标签分别改为"开始振动"和"归零回位"，就得到如图3.2.13所示的精准、直观的弹簧振子。

第三章 高中物理有效教学的技术整合策略

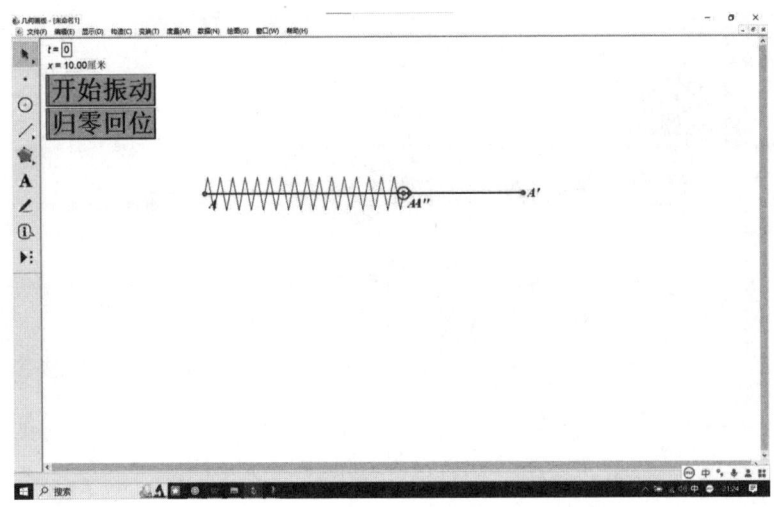

图 3.2.13

我们还可以应用几何画板模拟实验描绘弹簧振子振动的位移-时间图像。

(10) 点击"数据"菜单栏"计算（U）"菜单，在弹出的对话框中输入如图 3.2.14 所示的公式。

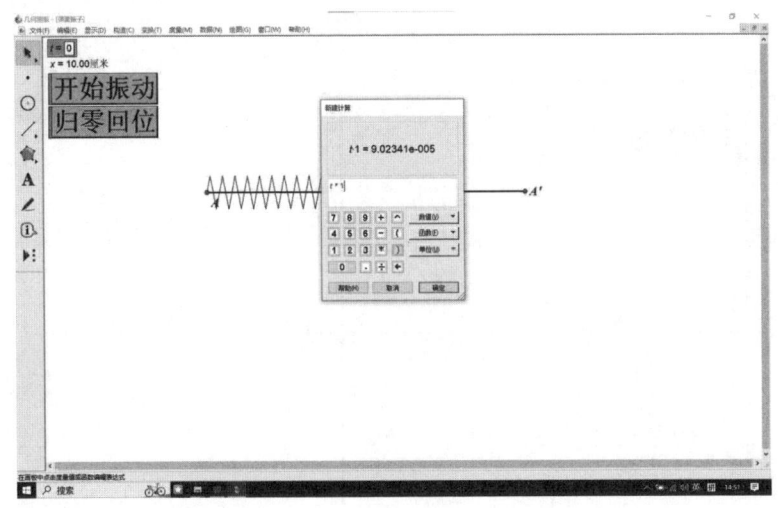

图 3.2.14

(11) 选择公式，点击右键，在弹出的对话框中选择标签填入 Y，完成为 Y 赋值，如图 3.2.15 所示。

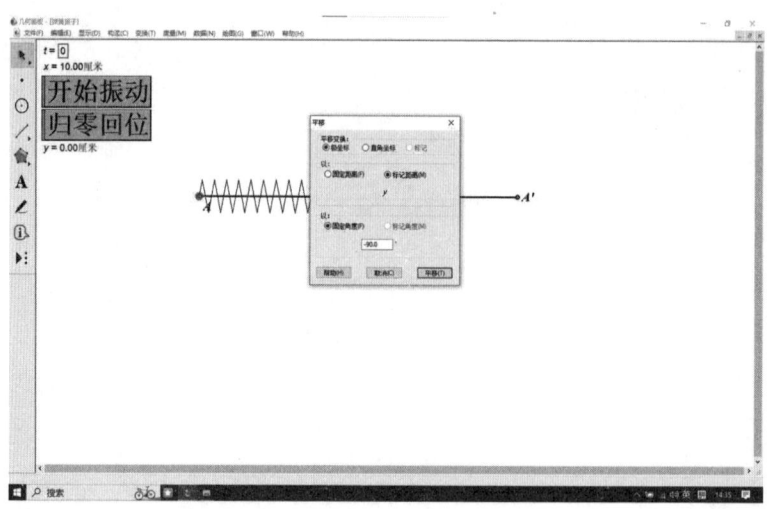

图 3.2.15

（12）选择 Y 参数，用"变换"菜单的"标记距离"功能进行标记，再选择用"变换"菜单的"平移"功能按"标记距离"平移得到 B′ 点。过 B′ 点做 AA′ 的平行线，过 A′ 点做 AB′ 的平行线，两平行线交于一点 B，如图 3.2.16 所示。

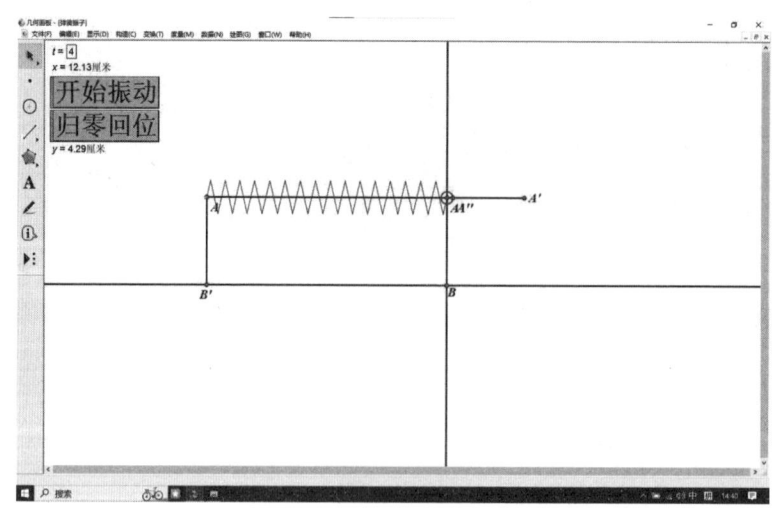

图 3.2.16

（13）点击线段 AB′、直线 BB′、直线 A′B 和点 B′，点击"显示"菜单下的"隐藏对象"，把它们都隐藏起来。再点击交点 B，点击右键选择"追踪交点（T）",如图 3.2.17 所示。

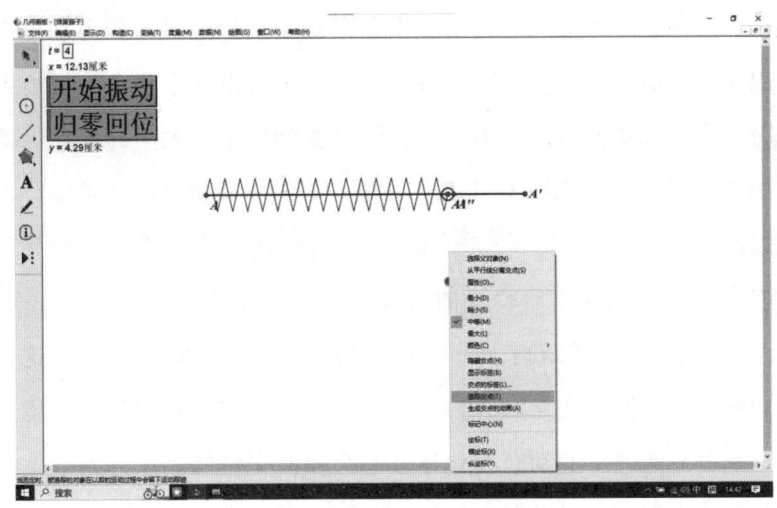

图 3.2.17

（14）点击"开始振动",就会生成弹簧振子的振动图像,如图 3.2.18 所示。

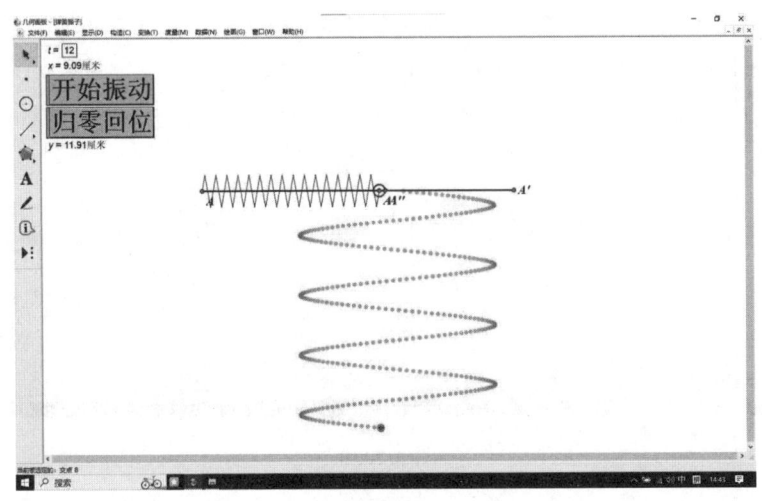

图 3.2.18

下面再以制作力的分解课件为例说明如何用几何画板技术辅助教学情景创设。在高中物理"力的合成与分解"中,有一个典型的问题是合力的大小和方向都不变,其中一个分力的方向不变大小会改变,而另一个分力的方向和大小都会改变的合力与分力关系的动态变化情境。我们可以用几何画板来创建课件，应用几何画板的"度量"菜单功能精准地测量出合力和分力的大小，并以数值的形式呈现在课件的界面中，学生可以非常形象直观地观察到合力与分力大小以及方向的动态变化，同时看到各个力大小的数值的精准呈现，如图 3.2.19 所示。还可以用几何画板"显示"菜单中的"追踪"功能中"追踪线段"功能留下其中一个分力的大小变化的痕迹，这个痕迹的呈现可以给学生提供一个力先变小后变大的直观图景，如图 3.2.20 所示。还可以用"动画设置"的功能设置动画，动画标签设置为"改变角度"，点击这个按钮就可以观察到角度发生变化时合力与分力大小与方向的直观变化情境。为学生对合力与分力的关系的动态变化建立起全面而完整的表象，为学生深刻理解合力与分力之间的关系提供一个很好的支架。

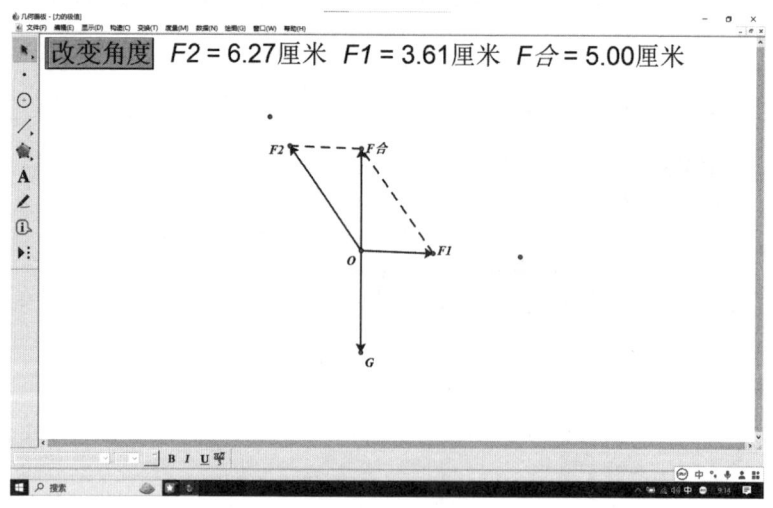

图 3.2.19

第三章 高中物理有效教学的技术整合策略 | 77

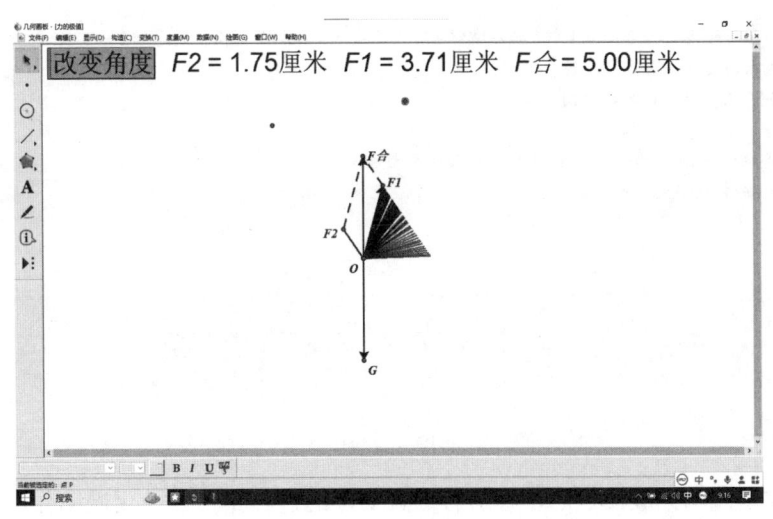

图 3.2.20

再比如鲁科版选择性必修一第 4 章的章末练习第 5 题。如图 3.2.21 所示，本题是一个机械波叠加的问题，在判断 D 选项"再经过 3s，两波源间（不含波源）有 5 个质点位移为 0"是否正确时，多年的高中物理教学实践经验告诉我们，学生在解决这个问题时会碰到很大的困难与障碍。难点在于学生在建构好再经过 3 秒两列波的波形图像之后，为了找到位移为零的质点，就需要找到两列波分别引起的位移的绝对值相等而位移方向相反的点的位置，而由于质点的位移随着质点的位置的变化规律是正弦函数关系而非线性关系，这个问题会给大部分学生特别是数学基础不是很扎实的学生造成很大的困难。这时我们可以借助几何画板软件的功能，给学生提供一个数据探究的直观情境，借助几何画板的动画功能让学生直观生动地感受到质点随着位置的变化引起的位移的变化快慢。这样运用翻转法就可以精准呈现甲波与乙波之间有几个交点，辅助学生对本问题的情景建立表象，为解题提供一个良好的可视化的支架。

5. 甲、乙两列横波在同一介质中分别从波源 M、N 两点沿 x 轴相向传播，波速为 2 m/s，振幅相同。某时刻的图像如图所示，则（　　）。
   A. 甲、乙两列波的起振方向相反
   B. 甲、乙两列波的频率之比为 3∶2
   C. 再经过 3 s，平衡位置在 $x=7$ m 处的质点振动方向向下
   D. 再经过 3 s，两波源间（不含波源）有 5 个质点位移为 0

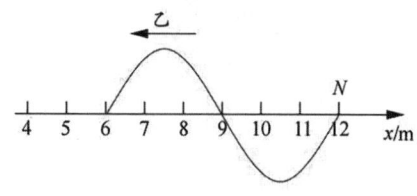

图 3.2.21

在呈现两列波质点的位移随着位置变化的过程中可以使用慢动作的动画，清楚地呈现两列波的质点位移随着质点位置的变化而变化的规律。如图 3.2.22 所示，当动画运行到这个位置时点击动画运行按钮动画暂停，可以看到这个质点的位置坐标就是 $x=2.4$ 米，因为其中一个质点是经过翻转之后的位移，图中它们的位移都是 1.8 厘米，也就是说其中一个质点的位移是正的 1.8 厘米，而另一个质点的位移是负的 1.8 厘米。依次可以看到其他 4 个点的坐标，分别是 $x=4.8$ 米，$x=6.0$ 米，$x=7.2$ 米，$x=9.6$ 米，如图 3.2.23—3.2.27 所示。这样运用几何画板给学生提供一个数据探究的平台，让学生能直观地看到波长不等的两列简谐正弦波质点的位移随着位置变化的规律。学生这样建构起来的问题情境是深刻的、有机的、动态的，是可以根据需要和学生知识结构中的其他知识有机进行组合的，从而建构更大、更完整、更全面的知识体系。

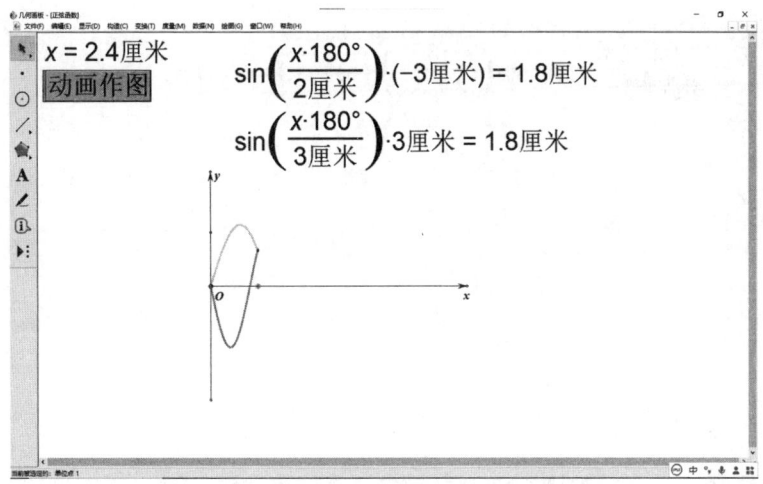

图 3.2.22

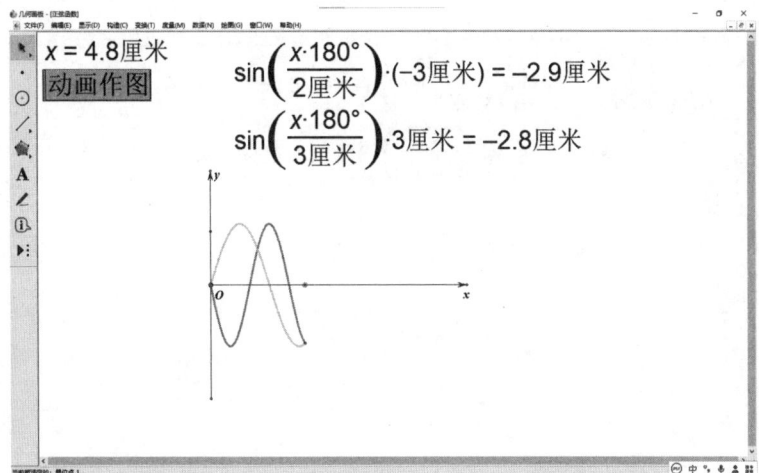

图 3.2.23

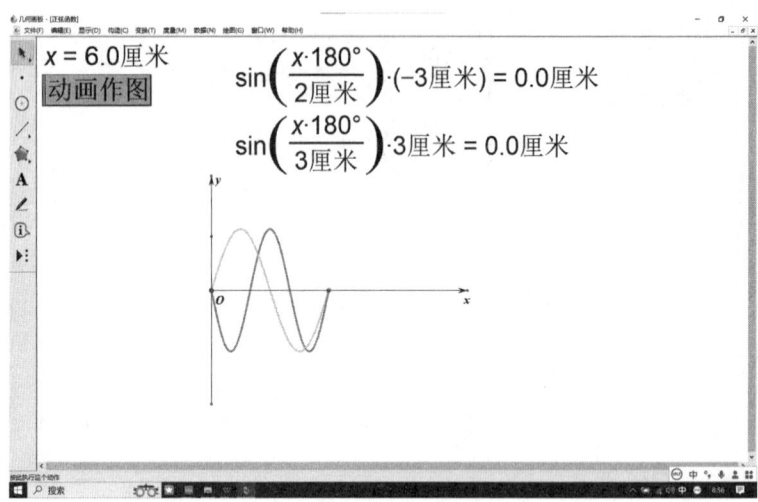

图 3.2.24

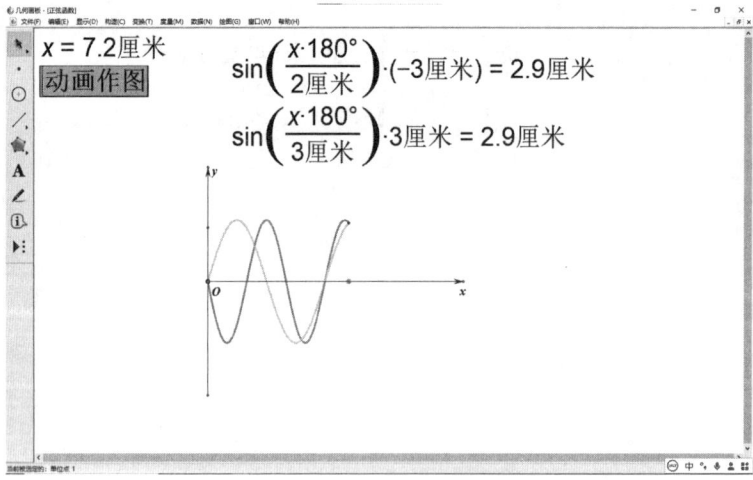

图 3.2.25

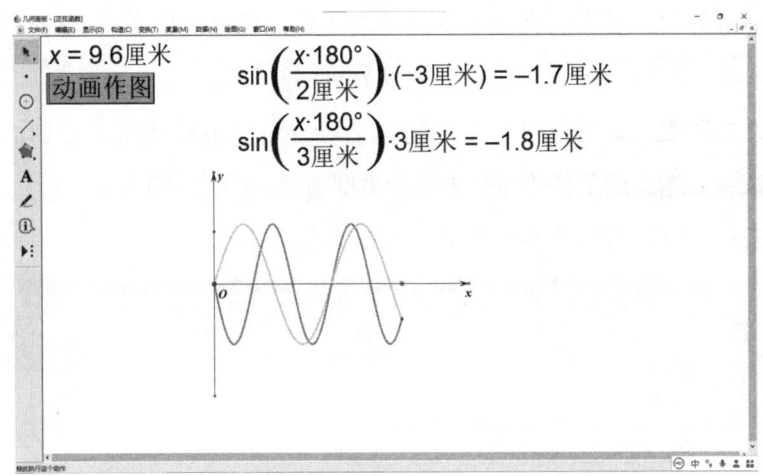

图 3.2.26

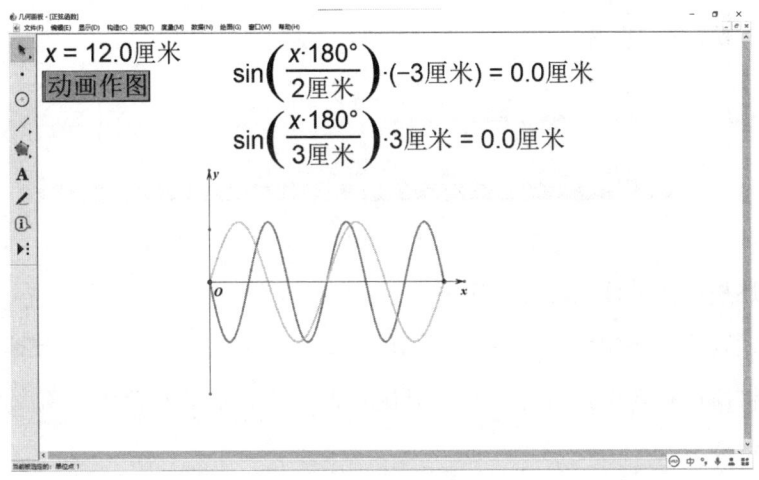

图 3.2.27

(三) 几何画板在学生探究性学习中的作用

"单摆"作为简谐运动中的典型例子,其回复力和周期概念在传统教学中始终属于难点。传统教学往往是从小球的受力分析入手,通过数学方法证明在摆角很小的情况下,$\sin\theta \approx \theta = \dfrac{x}{l}$,进一步得出回复力可表示为 $F = -\dfrac{mg}{l}x$,从而得出单摆所受回复力的大小与摆球的位移成正比,证明在摆角很小的情况下,单摆的运动可以近似地看成简谐运动。这样的教学方式导致学生缺少对单摆运动过程中回复力的直观感受和动态体验，难以产生高品质的表象。笔者结合实验并利用几何画板开发的积件分析回复力的特点，在此基础上进一步证明在摆角很小的情况下，单摆的运动可以近似地看成简谐运动的条件。这一方法有效地突破了传统教学中关于单摆回复力的教学难点。

单摆的几何画板积件界面如图 3.2.28 所示。

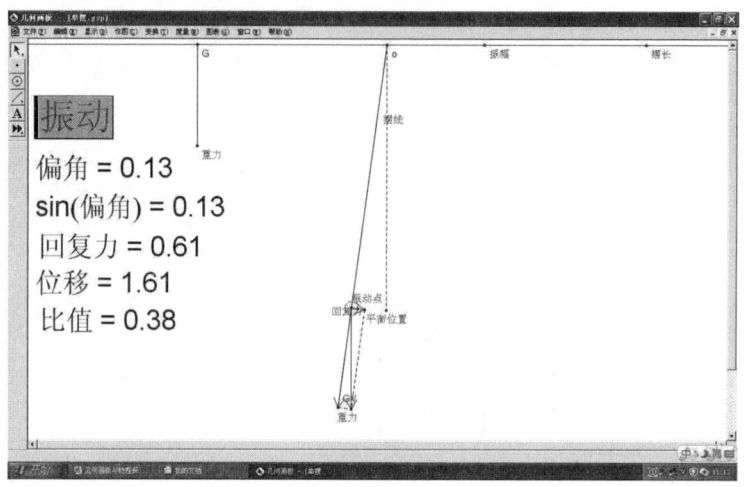

图 3.2.28

上述积件在设计上的特点如下：

①设置了"振幅调节""摆长调节""重力调节"，可以进行对比研究。

②将偏角和其正弦值进行同屏对比，直观地展示了两者在小角度时近似相等的结果。

③设置动画按钮"振动"，点击后，可清晰地观看回复力的动态变化过程。

④将回复力与位移同屏对比且显示了它们的比值，能直观地看到它们的比值是不变的，回复力与位移成正比。

在演示实验的基础上，结合上述积件的操作性学习，可以强化学生的直观感知，帮助学生识别现象发生及变化的条件，为学生顺利完成抽象与概括思维奠定坚实的基础。学生首先可以很直观地看到回复力随着位移的增大而增大，进而观察到回复力与位移的比值是不变的，从而得出它们是成正比的关系。这样为学生理解回复力的来源及其变化特点提供了牢靠的抓手，也为突破回复力教学难点开辟了有效的途径。

单摆的周期与摆长的关系，即单摆周期公式，在高中物理教材中也是经过简单的定性分析得到 T 随着 L 的增大而增大，得出单摆周期公式 $T=2\pi\sqrt{\dfrac{L}{g}}$，为什么 T 是与 $\sqrt{L}$ 成正比，而不是与 $\sqrt[3]{L}$ 成正比或者与 $\sqrt[4]{L}$ 成正比呢？学生没有机会感受，为此笔者设计了课件，通过图像拟合，发现 L 与 T^2 成正比，为学生探究性学习提供了一个很好的抓手。这个课件突出了蕴含在其中的物理科学方法，将几何画板作为辅助认知的工具，在探究深度问题时作为思维展开的舞台，通过合理猜想、实验探究、采集数据、动态拟合，得出单摆的周期公式。图 3.2.29 就是这个课件的界面图。

制作过程：

①首先，在界面中构造一个 $L=T^n/k$ 的函数，坐标系中的曲线就是对应的图像。

②接着，用图表菜单下的"制表"把实验数据输入到几何画板的工作区，然后选中表格，利用绘制表中记录在坐标系中把数据点描出。

③然后，调节界面上的参数更改点"n 值调节""k 值调节"，观察屏幕上的图像，直到图像与描绘的数据点拟合得最好。

④结论：此时 k 值在 4 左右、n 值在 2 左右，说明 $L=T^2/4$（$4\pi^2/g\approx 4$），即周期 T 的平方与摆长 L 成正比。

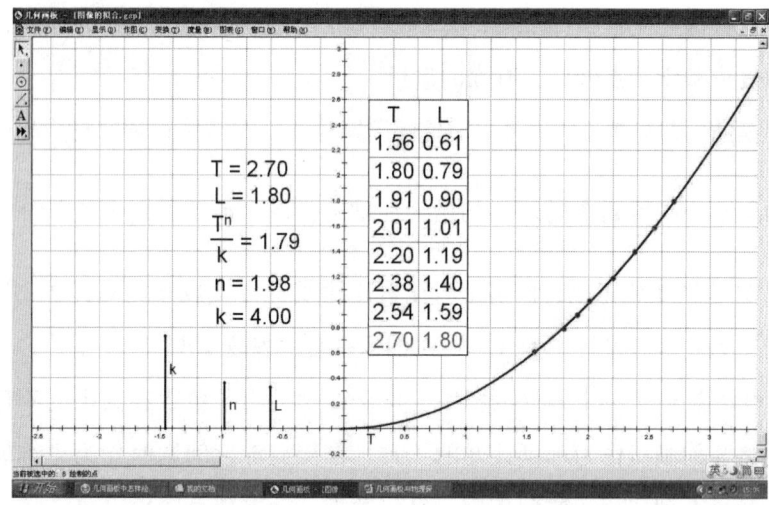

图 3.2.29

几何画板因其构造问题及操作简便,教师可以在课堂上现场创建各类问题,带来以下几方面的好处:

①展示问题构造的过程,让学生亲身体验问题构造的科学性,从而对探究的虚拟情境感到亲切,更易理解。

②展示课件制作的内幕,让学生意识到构造问题并不难。

③激发了学生参与构造问题的兴趣。

以下列问题为例:真空中有一个半径为 r 的圆柱形匀强磁场区域,磁场方向垂直于纸面向里,Ox 为过边界上 O 点的切线,从 O 点在纸面内向各个方向发射速率均为 v 的电子(e、m),假设电子间的相互作用力可以忽略,电子在磁场中的偏转半径也为 r。问所有从磁场边界出射的电子,速度方向有何特征?

上述问题是带电粒子在磁场中偏转时经常遇到的问题。解决问题的关键,在于勾画出粒子在磁场中运动的轨迹与磁场边界间的几何关系。可以用几何画板现场做如下的构造:

①建立直角坐标系,原点设为 O。

②在 y 轴上做一个点,设为 O_1。

③选择 O_1O 为半径，做圆 O_1，作为磁场的边界。

④选择 OO_1 为半径，做圆 O，电子做圆周运动时的轨迹的圆心在该圆上。

⑤在圆 O 上做点 O_2。

⑥选择 O_2O 为半径，做圆 O_2，作为电子做圆周运动时的轨迹。

⑦做圆 O_1、圆 O_2 的交点 P，该点就是电子射出磁场时的点，此时速度设为 v。

⑧拖动 O_2 点，可以观察所有从磁场边界出射的电子速度方向的特征，如图 3.2.30 所示。

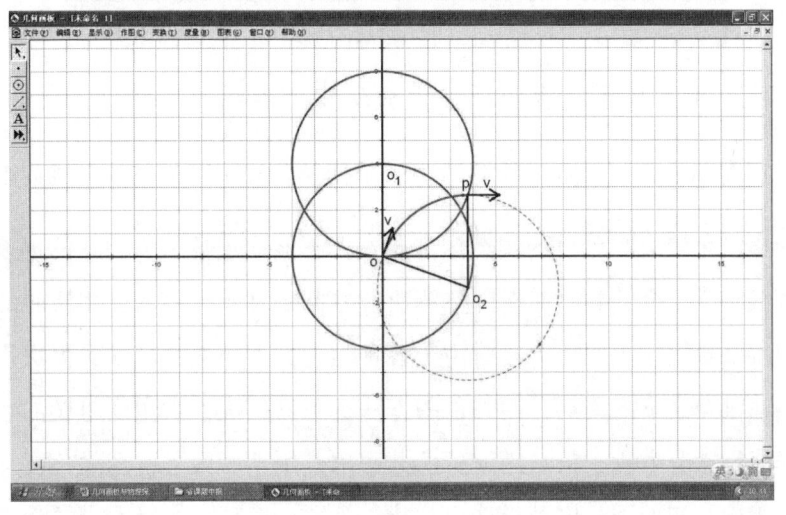

图 3.2.30

制作以上课件时，笔者把圆 O、圆 O_1 两圆设成绿色，而把圆 O_2 设成红色，同时把电子在磁场中的轨迹即劣弧 OP 设为实线，而优弧 OP 则设为虚线，这样为学生观察课件提供了直观和便捷的方式。再利用追踪功能，追踪劣弧 OP、速度 V，拖动 O_2 点时，就可以观察所有从磁场边界出射的电子速度方向的特征和轨迹变化情况，如图 3.2.31 所示。

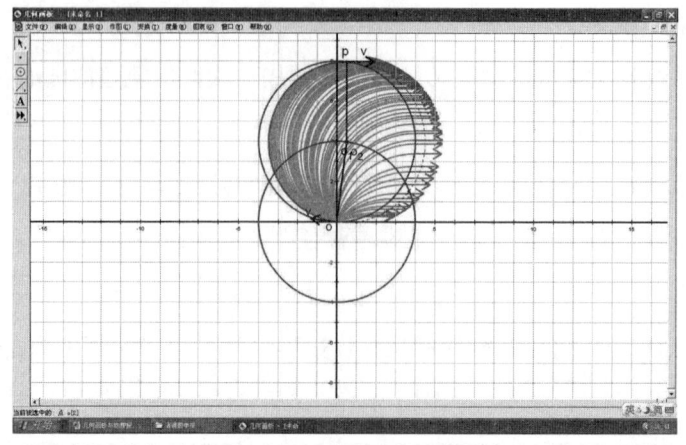

图 3.2.31

(四) 几何画板在教师探究性教研中的作用

单摆周期公式 $T=2\pi\sqrt{\dfrac{L}{g}}$ 只适用于单摆摆角较小可近似地看成简谐运动时,而当摆角较大时单摆的周期为多少?能不能通过什么方法计算出来?这些问题很多学生会问到,而老师要解决这些问题又不太容易:用实验的方法不好解决,单摆在大摆角运动时由于各种阻力其摆角减小较快,无法用实验准确测量某角度下的周期;用理论的方法也不好解决,大角度单摆的运动方程为非线性微分方程,很难用解析的方法求其周期。为了得到大角度运动时单摆的周期,笔者用几何画板迭代功能设计了一个课件,轻而易举就得到了大角度运动时单摆的周期。我们先来求解摆长为 1 米的单摆在大摆角运动时的周期。课件界面如图 3.2.32,先新建参数 $v_0=0$,$t_0=0$,摆角 $\theta=30°$,再计算出 $\theta=30°$ 角所对圆弧的长度。用微分思想把圆弧细分为步长等于 0.05 厘米的多个等分,在每一等分中单摆的运动可近似地看成匀加速直线运动。在第一个步长中加速度为 $a=g\sin\theta$,在第二个步长中加速度为 $a=g\sin(\theta-\Delta\theta)$,以此类推,其中 $\Delta\theta$ 为一个步长即 0.05 厘米长的圆弧所对的圆心角。在第一个步长中摆球的初速度 $v_0=0$,末速度 $v_t=\sqrt{2g\sin\theta s}$,其中 s 为步长。根据匀变速运动规律可得,第一个步长所用时间为 $t=\dfrac{2s}{v_0+v_t}$。用总弧长除以步长得到迭代次数，然后选中 $v_0=0$，$t_0=0$，$\theta=30°$ 和迭代次数，按住 shift 键，单击"变换"中的"带参数的迭代"，初象分别选择 $v_t=\sqrt{2g\sin\theta s}$，$t+\dfrac{2s}{v_0+v_t}$，$(\theta-\Delta\theta)$，点击迭代则会生成迭代数据表，如图 3.2.33 所示。这样就可以计算出单摆四分之一周期的时间，把这个时间乘 4 倍便可以得出周期。再对摆角设置动画功能，变化范围设置在 0°—90°之间，则可以看到随着摆角的连续增大周期的变化规律。课件运行表明单摆周期取样变化规律如表 3.2.1。几何画板作为教师的数据探究工具，为教师提供了对单摆周期随摆角变化的感性的定量认识。

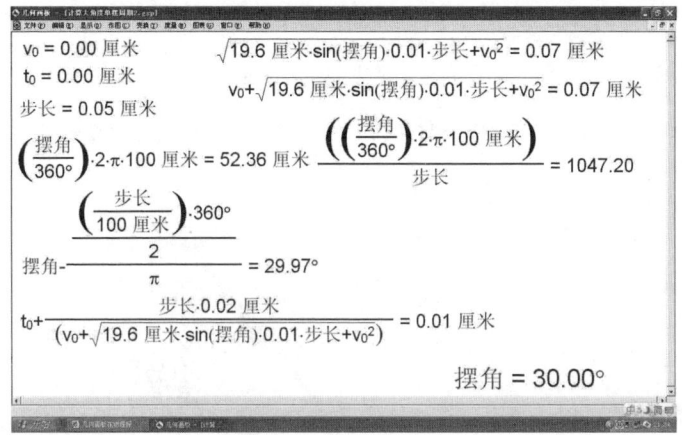

图 3.2.32

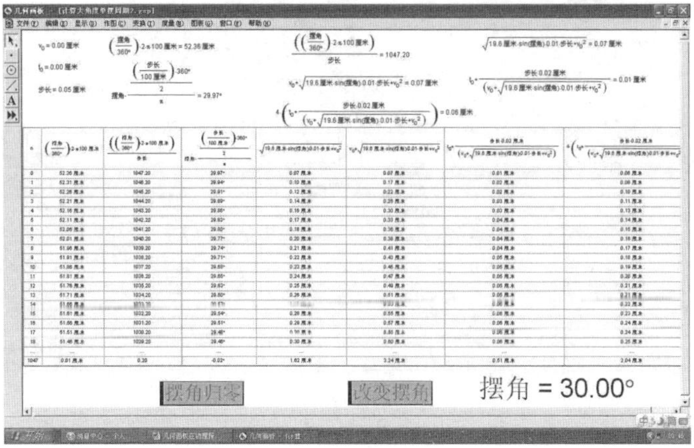

图 3.2.33

表 3.2.1

摆角/(°)	5	10	15	20	25	30	40	50	60	70	80	90
周期/s	2.01	2.01	2.02	2.02	2.03	2.04	2.07	2.11	2.15	2.21	2.28	2.36

再如在中学物理光学教学中,教师为了说明水中物体看上去变浅的原因,需要画出成像示意图。像点是在物点的左上方还是在物点的右上方,抑或在物点的正上方?若随意画出来,可能会犯科学性错误。图 3.2.34 就是在一些教辅书中看到的错误光路图,这会严重影响到学生学习知识的科学性与准确性。通过纸笔计算来解决这个问题对学生乃至中学教师来说是很困难的,而用几何画板却可以轻易得出答案。教师利用几何画板,可以试验不同物点位置的光线折射情况,从而动态地观察像点的位置变化情况和全反射的发生条件。

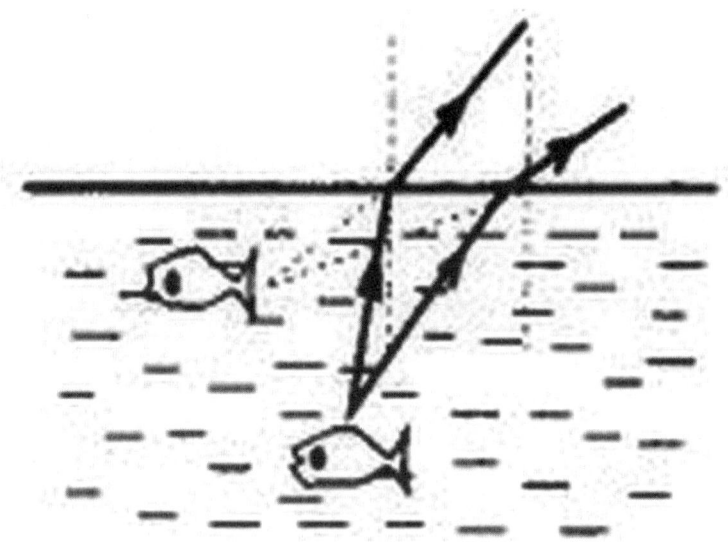

图 3.2.34

图 3.2.35 就是这个课件的界面图,拖动 S 点,对应的光线和像点 S' 都会跟着发生变化,可以观察到像点 S' 在竖直方向上比物点 S 靠近入射点 O_1O_2(即变浅了),水平方向上也比物点 S 靠近入射点 O_1O_2。

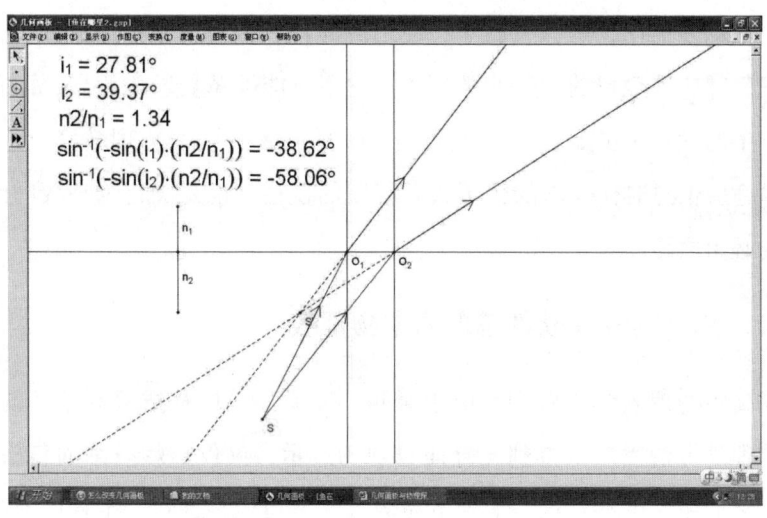

图 3.2.35

而潜水员从水中看岸上的路灯时,路灯的像点比物点高(竖直方向上比物点远离入射点 O_1O_2),水平方向上也比物点 S 远离入射点 O_1O_2。这个结论可以由几何画板的课件操作得出(图 3.2.36 所示)。

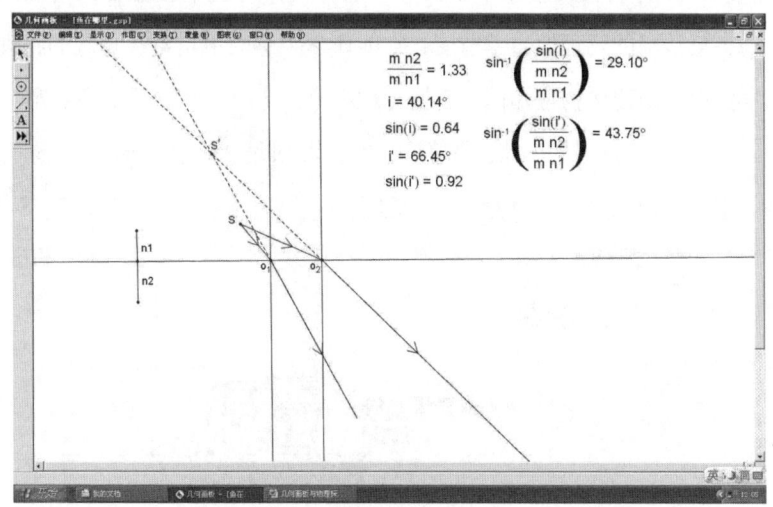

图 3.2.36

总之,几何画板等数字化、信息化技术已经成为时代潮流,人们的日常生活、学习、工作已越来越离不开信息技术。信息化环境是学生生活和学习的环境,也是学生未来踏上社会工作的环境,让信息技术深度融入中学物理课程,辅助并优化物理课堂教学,使之成为物理课程的有机组成部分,是中学物理教师应该践行的课程改革理念。它不仅能够革新教学手段,而且可以转变学生的学习方式,激发学生自主学习的兴趣,引发物理教育模式变革,为培养适应信息时代需求的接班人开辟新的途径,也是美化物理教师的教育人生的必由之路。

二、用 Algodoo 软件辅助高中物理教学

在高中物理教学实践中,由于时间、环境、器材及技术等条件的限制,很多物理学习情境难以得到充分而直观的展示,仅仅依赖教师的口头描述,不够生动形象,也不直观,学生不易进入学习情境,这在一定程度上制约了高中物理高效课堂的实现。

(一) Algodoo 软件介绍

Algodoo(爱乐多)是一款趣味仿真实验平台,也叫物理沙盒软件。它提供了一个充满趣味性的卡通式创作平台,科学地将教育与娱乐相融合,建构出形象、直观、动态且精确的物理教与学情境。它能让学生感受更丰富、直观的物理情境,有助于学生更好地建构物理知识、掌握物理规律,从而提升物理学科素养。

Algodoo 是一款免费软件,我们可以输入网址 http://www.algodoo.com/download/ 进入软件的官网,免费下载安装软件,如图 3.2.37、图 3.2.38 所示。

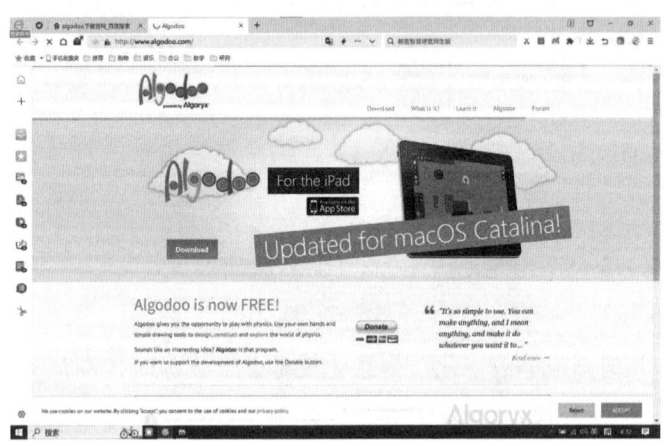

图 3.2.37

第三章　高中物理有效教学的技术整合策略

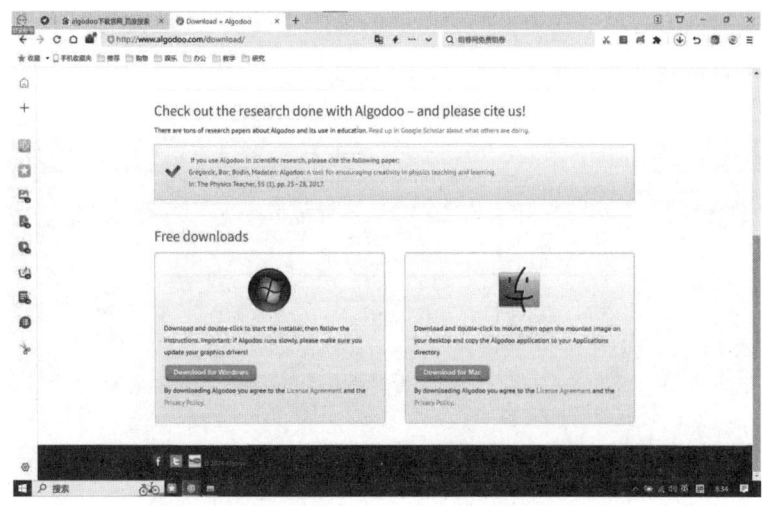

图 3.2.38

（二）应用 Algodoo 软件制作课件

下面以简谐运动弹簧振子的制作为例来说明 Algodoo 软件的使用。该软件的安装过程也相当简单快捷，安装完打开可以得到图 3.2.39 所示界面。

（1）在页面正下方的工具栏分别是：拖拽缩放场景，双击回到初始状态；拖拽平移场景，双击移回原点；撤销键；运行键；重做键；启动或关闭重力作用；启动或关闭空气阻力和浮力的作用；开启或关闭网格（图 3.2.39）。

图 3.2.39

（2）点击右键，在弹出的菜单栏中选择"材质"，地面的"摩擦力"和"弹性"系数都设置为0，如图3.2.40所示。

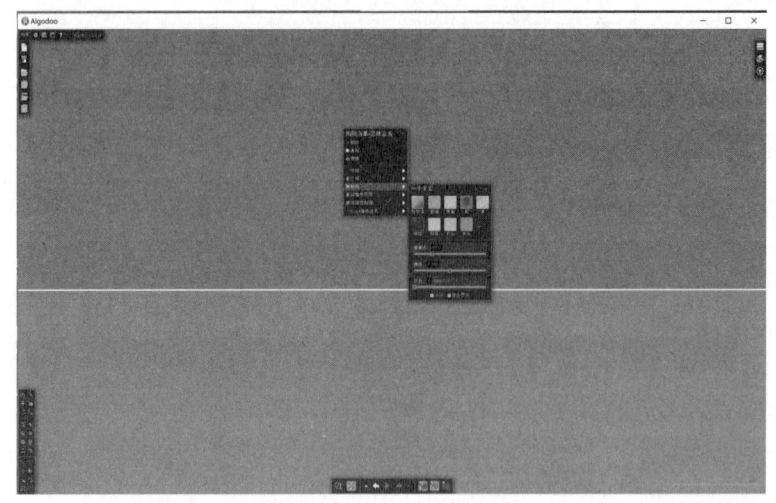

图 3.2.40

（3）点击左侧菜单栏"圆形工具"，在软件的工作界面构建一个小球，右键点击小球，在弹出的菜单栏中选择"材质"，设定小球的质量为0.2千克，"摩擦力"和"弹性"系数都设置为0，如图3.2.41所示。

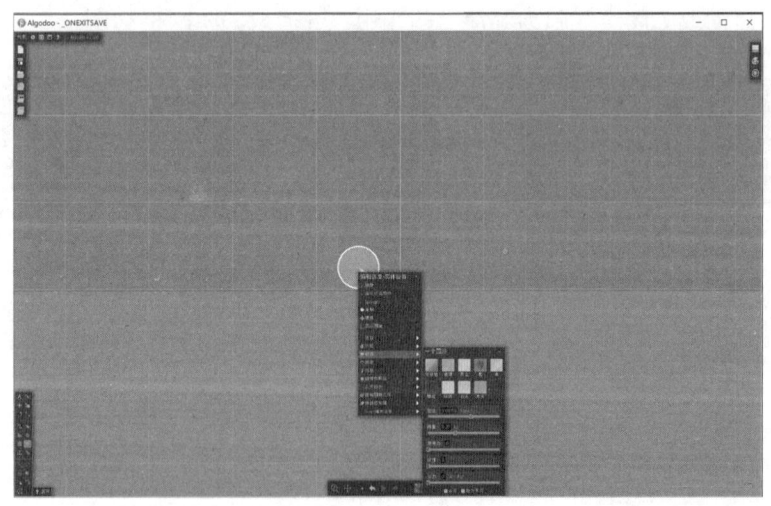

图 3.2.41

（4）点击左侧菜单栏"弹簧工具"，弹簧一端连接固定点，另一端连接小球。设置"弹簧参数"为 200 牛/米,"阻尼"系数为 0,如图 3.2.42 所示。

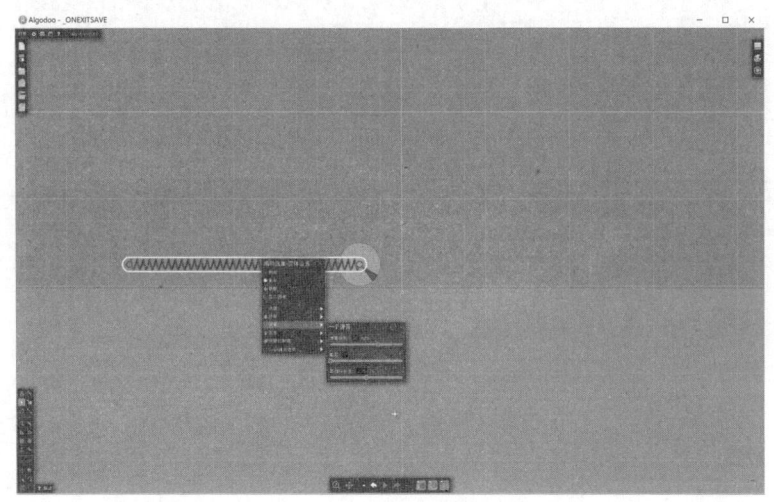

图 3.2.42

(5)右键点击界面下方的"启动或关闭空气阻力和浮力的作用",在弹出的菜单栏中把"空气阻力和浮力"以及"一次方""二次方"都设置为 0,如图 3.2.43 所示。

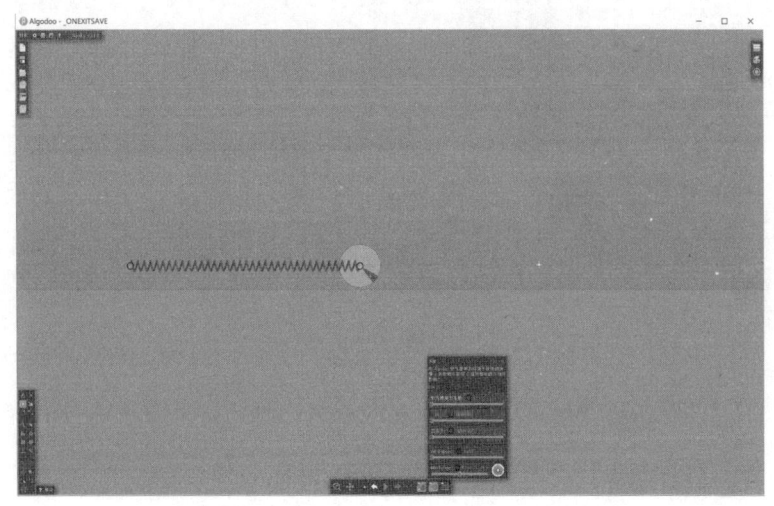

图 3.2.43

(6)点击运行键,可以看到弹簧振子做简谐运动,如图 3.2.44 所示。

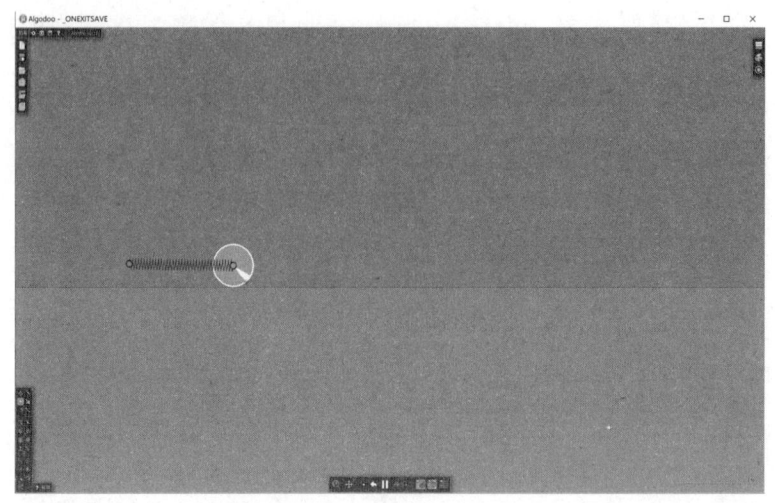

图 3.2.44

（7）点击右上角可视化窗口，可以设置弹簧振子的力的可视化和速度的可视化，在弹簧振子上会实时显示弹簧振子受到的力、回复力的大小和速度的大小，如图 3.2.45 所示。

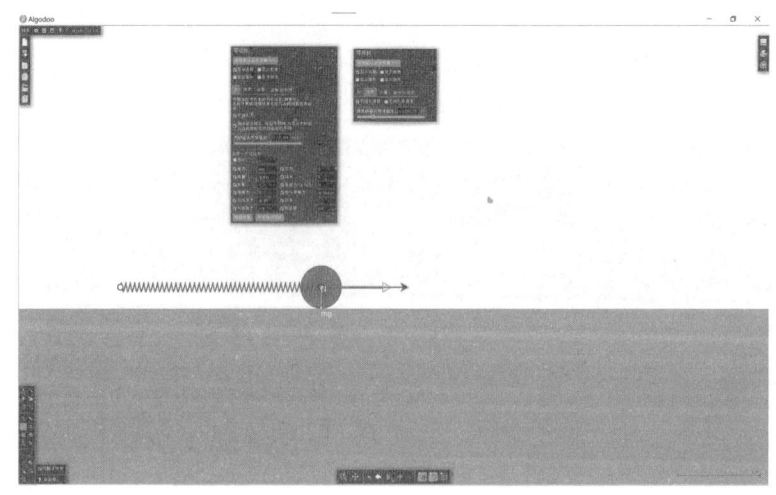

图 3.2.45

（8）右键点击小球，在弹出的菜单栏中选择"图表显示"，可以分别显示位置、速度、加速度随着时间变化的规律的图像，如图 3.2.46—图 3.2.49 所示。

第三章　高中物理有效教学的技术整合策略

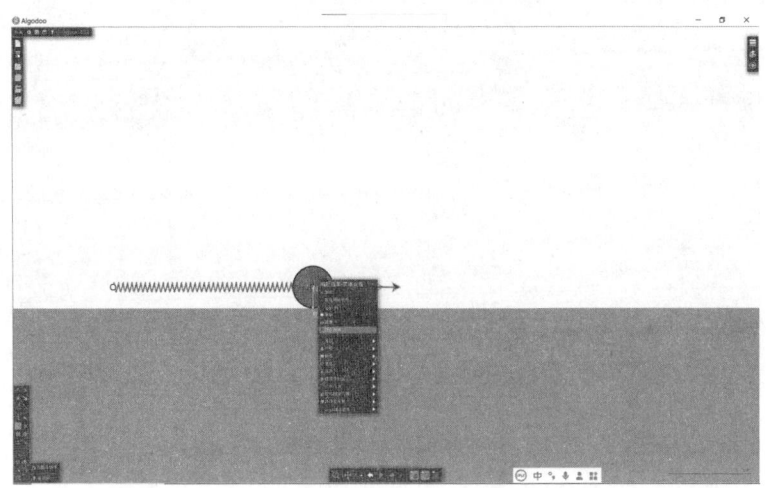

图 3.2.46

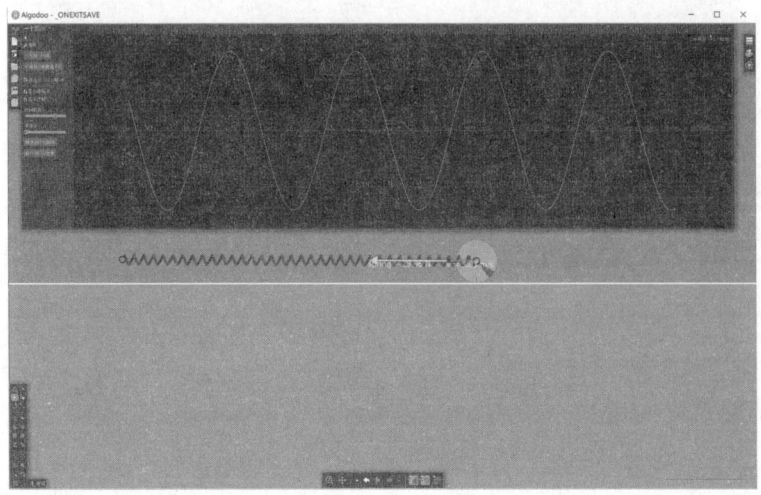

图 3.2.47

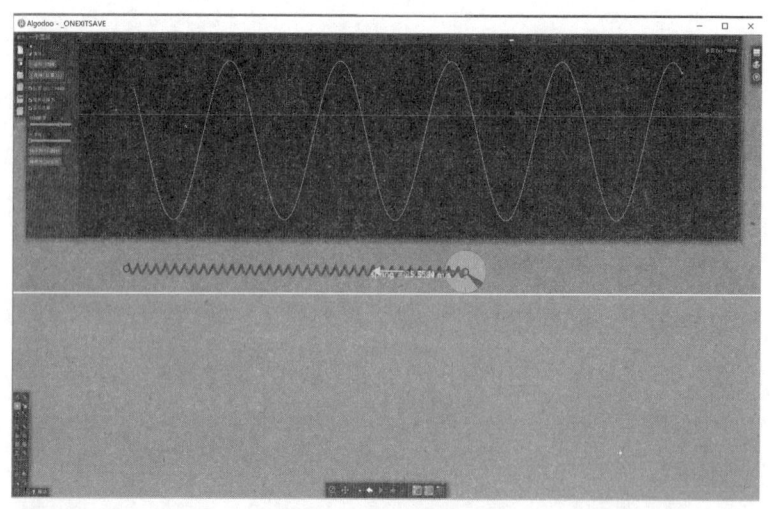

图 3.2.48

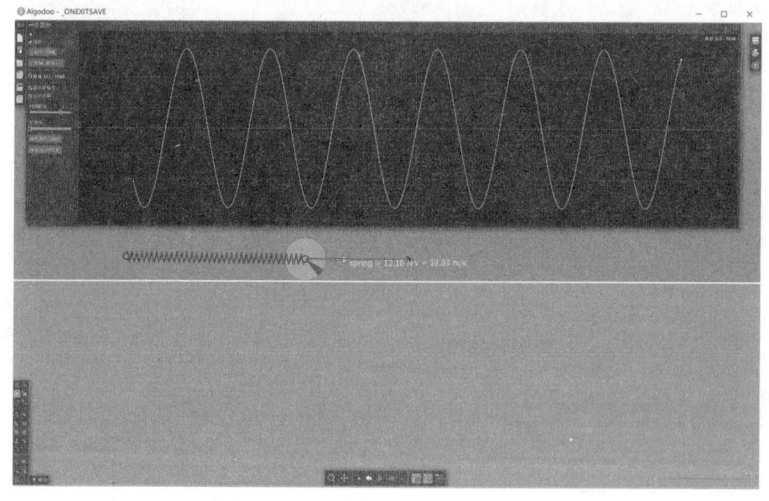

图 3.2.49

(三) 应用 Algodoo 软件模拟真实情境

物体在重力作用下的运动是高中物理中典型的运动模型。例如：若有四个相同的小球分别以相同的速率竖直向上、向下，水平向左、向右抛出，问一段时间后四个小球的相对位置如何？若有很多个小球同时以相同的速率向各个方向抛出一段时间后，问这些小球围成的图形是什么形状？这类问题可以用 Algodoo 软件模拟运动动态情景，形象直观显示它们的相对位置关系和速度大小方向的动态变化情境。图 3.2.50 中可以看出四个小球位置在一个正方形的四个顶点上,图 3.2.51 中是八个小球的情境,可以看出它们的位置在一个圆周上。在充分感受这样的二维平面运动情境的基础上,再让学生构建三维立体空间中小球的运动,就容易得出这些小球运动过程中始终在同一个球面上。

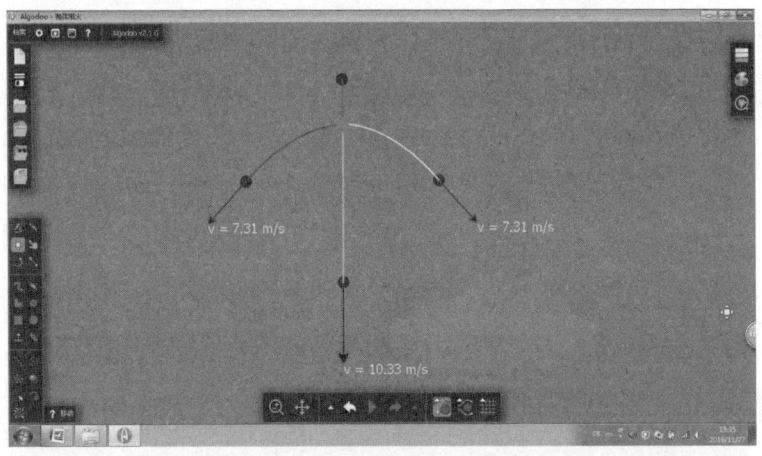

图 3.2.50

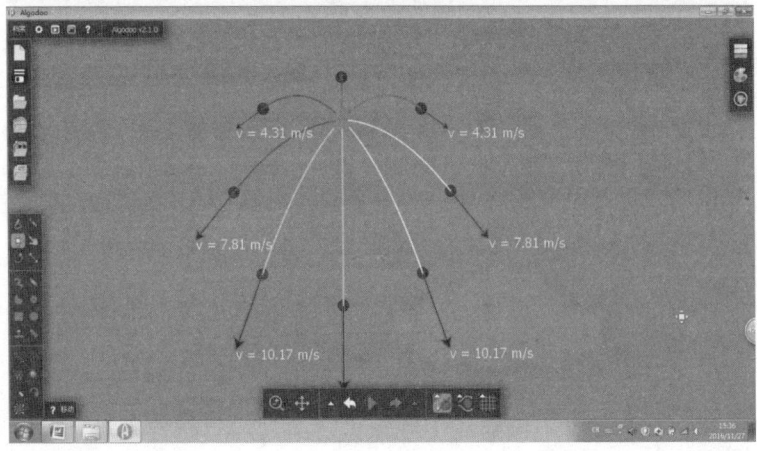

图 3.2.51

(四) 应用 Algodoo 软件演示抽象情境

高中物理常见的木板木块模型中,一个恒定外力作用在木板或木块上,学生很难判断木块与木板是否会发生相对滑动,这往往会对后续解决其他问题造成困难,成为解决综合问题的一头"拦路虎"。利用软件可以十分直观地演示二者发生相对运动的临界条件运动情境。新建一场景,制作叠放的木板与木块,给木板加上推进器工具动力,显示推进器工具动力调节窗口,调节动力大小,可得:动力较小时,二者一起运动;动力超过一个临界值时,二者相对滑动,木块会从木板上滑落下来(图3.2.52)。还可以通过改变水平支持面的粗糙程度和推进器动力大小,探究木板与木块保持相对静止时,木块是否有受静摩擦力的作用。

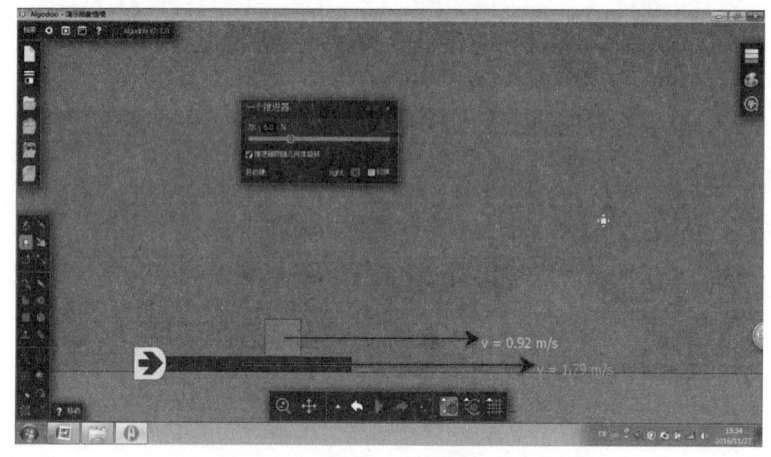

图 3.2.52

(五) 应用 Algodoo 软件创设探究情境

力与运动的关系是高中物理中的一个核心知识点。"物体运动需要力来维持"的观念是学生头脑中一个非常顽固的前概念,不管学生把牛顿第一定律的内容记得多牢固,在解决具体问题时学生头脑中再现的知识往往还是"物体的运动需要力来维持"。利用 Algodoo 软件可以创设虚拟情境来帮助学生探究力与运动的关系。可以创建一个虚拟的没有重力、摩擦力、空气阻力的太空环境和一个虚拟的飞碟,在飞碟的上下左右添加四个推进器工具,分别设置向上、向下、向左、向右键为推进器的触发键,再提出学生感兴趣的问题引发学生思考。一问:美国于 1977 年发射了质量约为 0.8 吨的"旅行者 1号"太空探测器,如果小学生的一根手指的力量大约为 10 牛顿,那么他用一根手指去推静止的"旅行者1号"太空探测器能推动吗?(学生基于生活经验往往认为推不动,而实际操作时发现可以推动)。二问:"旅行者1号"太空探测器正在以2m/s的速度向东运动,现要改变航向为正北方向,速度大小仍是2m/s,应该启动哪些推进器工具?(通过操作可以发现,给太空探测器单独提供向北的动力,探测器向东方向的速度2m/s并不改变,不能使它向正北方向运动,而要使太空探测器向正北方向运动必须再提供向西的动力才行,如图3.2.53所示。)紧接着再提出:"启动推进器工具的先后顺序可以改变吗?可以同时启动向西、向北两个推进器工具吗?"等问题来引导学生进一步思考。

学生在问题引领下,观察飞碟在受外力与不受外力作用的情况下的不同运动规律,受水平方向外力与竖直方向外力作用的情况下的不同运动规律,丰富了学生建构正确的力与运动关系的感性认识与切身体验,从而引导学生得出"旅行者1号"的飞行是靠惯性而不是靠外力来维持的,颠覆了长期生活在地球上的学生具有的"运动需要力来维持、运动物体一定要消耗燃料"的错误前概念。学生构建起力与运动的正确关系认知:力是改变运动物体的速度的原因,还可以更深入地理解:运动物体水平方向的速度改变必须由水平方向的力来完成,竖直方向的速度改变必须由竖直方向的力来完成。

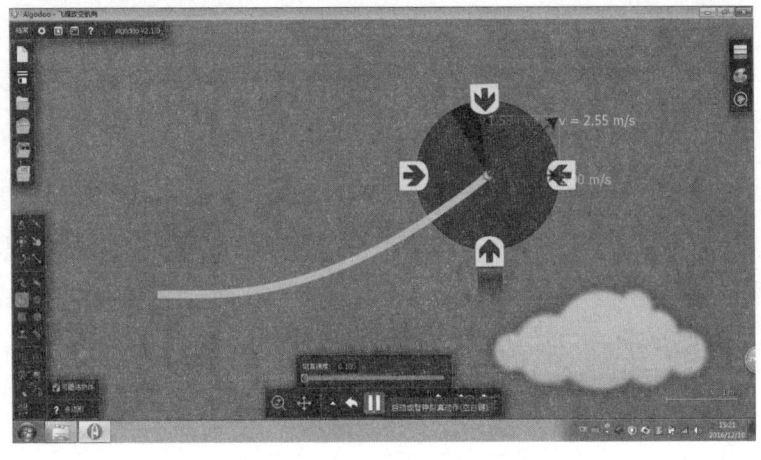

图3.2.53

以人造地球卫星为背景的变轨问题是高中物理中的一个重点和热点问题,

但学生往往不能正确理解这类问题。这是因为学生在学习过程中往往是靠理论推导，缺少情境体验，很多学生也就无法自主建立人造卫星的变轨情境。比如问：在一个低轨道上运行的人造地球卫星要转移到高轨道上运行，应该让这个卫星加速还是减速？由于学习的相关知识都是在万有引力提供向心力的基础上建立起卫星绕地球做圆周运动的情境，由：$G\dfrac{Mm}{r^2}=m\dfrac{v^2}{r}$，得：$v=\sqrt{\dfrac{GM}{r}}$，可知轨道越高半径越大，速度越小，所以学生往往认为要让卫星转移到高轨道上必须让卫星减速才行。究其原因是学生认知中只有卫星做圆周运动的情境，缺少卫星变轨运动的感性认识。而一个做圆周运动的卫星若受到推动力加速后会怎么运动呢？这时学生一般比较难于建构起卫星的运动情境，部分能力较强的学生虽然可以做理论推导：当卫星受到推动力加速时，由于卫星的速度增加，做圆周运动所需的向心力增加，但提供给卫星做圆周运动的向心力（即万有引力）不变，卫星将会做离心运动，其运行轨道将提升，速度将会减小。进一步问卫星离心运动是按什么轨迹运动呢？学生还是不得而知。我们可以创建一个卫星绕地球做圆周运动的场景，并且在卫星前后方分别安装一个推进器工具，后方的推进器工作产生向前的推力让卫星加速，前方的推进器工作产生向后的推力让卫星减速。可以先让学生猜想推进器喷气加速后卫星会做什么运动？通过观察卫星变轨形象直观的动态情境，非常有利于学生对变轨运动的理解。如图 3.2.54 所示，演示并让学生观察加速后卫星绕地球做椭圆运动，同时开启卫星的速度显示功能，可以看到卫星在椭圆运动的一个周期内速度的大小随着卫星与地球的距离变化而变化的规律。通过这样的探究，学生就能够自主建构起卫星变轨的动态运动情境，深刻理解卫星变轨的受力与运动条件。

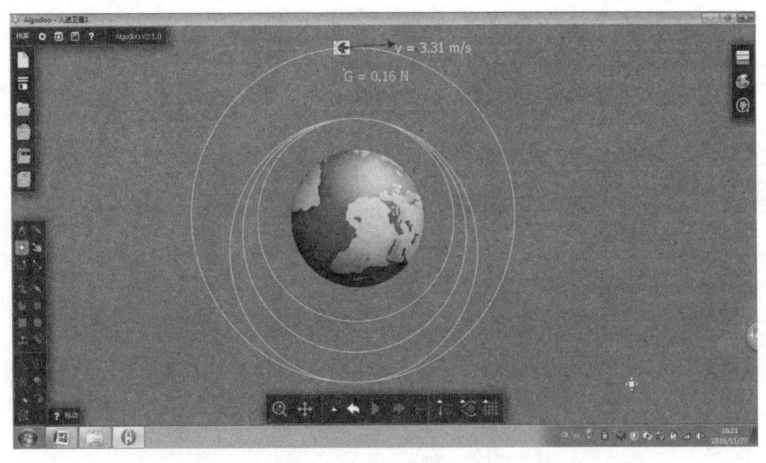

图 3.2.54

（六）应用 Algodoo 软件辅助实验情境

1. 辅助探究牛顿第二定律实验

如图 3.2.55 所示是探究牛顿第二定律的实验装置。在平衡好摩擦力之后，本实验要求小吊盘的重力应远小于小车的重力，这样小车所受的合力才能近似等于小吊盘的重力。而小吊盘重力很小时必然使得实验中小车运动的加速度极小，导致测量误

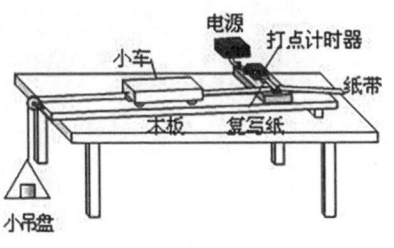

图 3.2.55

差很大；若为了增大加速度设置较大的小吊盘的重力，则会使得小吊盘的重力与小车所受的合力存在较大的误差。因此，在这个实验中加速度与合力是无法一起测准的。为了解决这一问题可以用 Algodoo 创建如下场景。

小车质量一定时，探究合力与加速度的关系。制作一木块置于地面上，设置各个接触面摩擦力为零并设置空气阻力忽略，为木块加上三个推进器工具并设置推进器工具动力触发键分别为 Z、X、C 键，打开速度监控图表。开启运行课件，按下 Z 键则第一个推进器工具会提供恒定动力，释放 Z 键则动力消失。若同时按下 Z、X 键则有两个推进器工具提供双倍动力，同时按下 Z、X、C 键则能够提供三倍动力，这样可以实现动力大小的倍增，并且能够

准确得到研究对象受到的合力与加速度，加速度的大小可以从图表中查看图线的斜率得到，经过多次试验，便可以得到质量一定时加速度与合力成正比（图 3.2.56）。而且可以输出一系列相关数据，这些数据可以直接导入电子表格中进行再次分析。还可以通过调节动力的大小连续变化，来改变木块受到的合力。

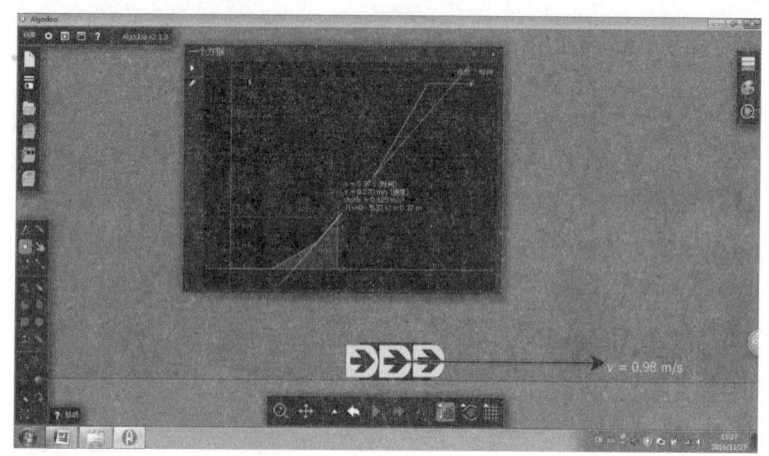

图 3.2.56

合力一定时，探究加速度与小车质量的关系。制作一木块置于地面上，设置各个接触面摩擦力为零并设置空气阻力忽略，为木块加上推进器工具并设置推进器工具动力触发键为向右键（right），复制木块并分别命名为 m_1，m_2，m_3，m_4 等，打开 m_1 速度监控图表。开启运行课件，按下向右键则推进器工具会提供恒定动力，随着四个木块先后相继连接为一体，可以实现运动物体的质量逐渐增大。在监控中得到一条折线，这就是研究对象质量逐渐递增时的速度-时间图像，据此计算各段的加速度，易于得出合力一定时加速度与质量成反比（图 3.2.57）。

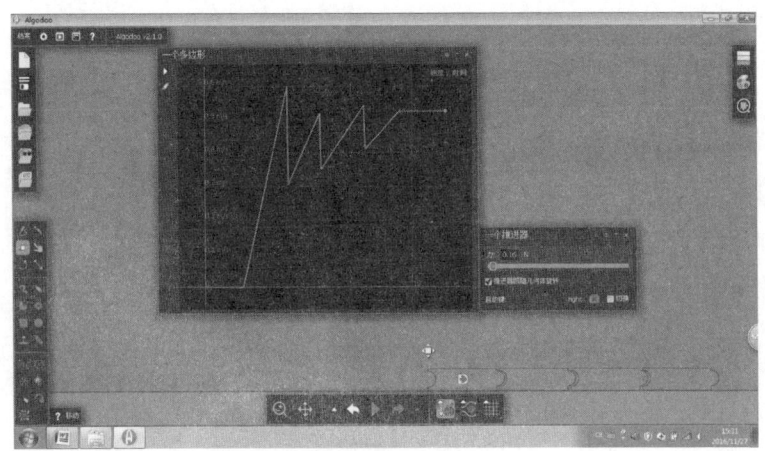

图 3.2.57

2. 辅助探究动量定理实验

动量定理的教学中,不管是实验验证还是理论推导都是在物体受恒定外力作用下做出的,而动量定理在物体受变力作用时同样适用,但受中学实验室器材和数学知识的限制无法验证。Algodoo 具有强大的采集数据功能,采集力、速度、动量等一系列的数据为实验分析提供强大的数据支持。可以为我们创建验证变力作用下 $F-t$ 图像中的面积即外力的冲量 $5.33\text{N}\cdot\text{s}$ 等于物体的动量变化 $10\text{kg}\cdot 0.53\text{m/s}$(图 3.2.58),所以动量定理适用于变力作用下的物体运动。

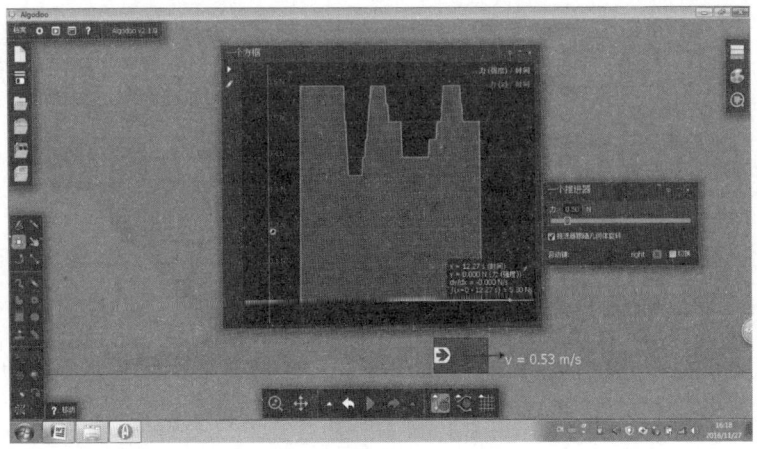

图 3.2.58

笔者的教学实践表明,在遇到一些教师难于表达、学生难于理解的问题时,利用 Algodoo 软件往往能很好地解决,从而增强学生的求知欲与好奇心,提高学生的物理学习兴趣。随着计算机的普及应用,学生还可以把 Algodoo 软件安装在自己的平板电脑上,发挥想象力和创造力,用于验证课堂上学习的物理规律或按照自己的设想独立设置实验条件,搭建实验器材,进行自主探究,开展虚拟实验,加深对物理知识的理解,为学生的自主学习、探究学习提供很好的平台,为激励学生学习物理知识,提高学生的实践能力、科学探究能力与创新精神发挥更大的作用。

第三节　信息技术与高中物理教学深度融合

下面以高中物理鲁科版必修一《超重与失重》为例,说明信息技术如何与高中物理教学深度融合。信息技术作为学习情境创设工具、认知工具、情感激励工具、过程评价工具以及师生和生生互动工具成为高中物理课堂不可或缺的有机组成部分。

一、教学分析

(1) 教材的地位和作用:《超重和失重》是司南版必修一第 5 章第 5 节的内容。这是学生在学习了牛顿三定律之后,综合应用牛顿第二定律和第三定律来解决实际问题的一个重要场景。学生经历在这个场景中应用所学知识来解决实际问题的真实过程,可以提高通过观察实验现象、关联物理知识提出科学问题的能力;可以提高综合应用牛顿第二定律和第三定律进行科学推理的能力。同时在应用牛顿第二定律和第三定律进行科学推理、解决问题的过程当中,进一步加深对牛顿第二定律和第三定律的理解,在头脑中形成更加紧密联系的系统化的知识结构,实现物理概念规律在头脑中的提炼和升华,形成更加完善的运动与相互作用的物理观念。

(2) 学情分析:第一,对于超重和失重,学生会基于生活经验形成一个关于超重和失重的朴素的生活概念，也可以说是在学习科学概念之前基于生活已经形成的前概念。对于超重和失重的概念，学生往往会有一个错误的认识，就是认为超重就是物体的重力增加了，失重就是物体的重力减少了。第二，在学习了牛顿定律以后，学生基于运动与相互作用的基本关系容易形成一个错误认识，就是认为物体向上运动就是超重，向下运动就是失重，物体加速运动就超重，物体减速运动就失重。究其原因是学生要从物体的速度方向和速度大小的运动情况出发进行分析推理，结合物体的受力情况比较得出物体受到的支持力与其重力大小的关系。这一推理的逻辑链条比较长、思维跨度比较大，对学生的能力要求比较高，会对学生的学习造成较大的障碍。第三，本章第4节牛顿第三运动定律的节后练习第4题是："一物体悬挂在弹簧测力计上，并处于静止状态。请证明弹簧测力计的示数等于物体的重力。"学生在解决这个问题的经验中，已经能够对重力与弹簧测力计的示数进行初步的区分，这为本节课的进一步学习打下了基础。

（3）课标分析：新的课程标准提出的内容要求是"理解牛顿运动定律，能用牛顿运动定律解释生产生活中的有关现象、解决有关问题。通过实验，认识超重和失重现象"。这就要求学生在通过实验认识超重和失重现象的学习过程中，进一步加深对牛顿运动定律的理解，提高运用这些定律来解释生产生活现象以及解决实际问题的能力，发展和完善运动与相互作用的物理观念。

（4）教学策略：在实际课堂教学中做"超重和失重"实验时，由于时间与空间的限制我们难以做到让运动物体保持比较长时间的匀变速运动，使得实验现象转瞬即逝，并且物体在运动过程中受力很不稳定，也给学生读取实验现象的观察数据造成很大的困难，而缺少实验现象观察基础的知识建构就是无本之木、无源之水，不够清晰不够准确的实验现象、实验数据会使学生对实验将信将疑，从而也会给知识建构造成很大的负面效应。而智能手机Phyphox软件强大的数据处理能力可以将数据实时可视化，且智能手机可携带、易获取的特性使得实验超越了时空限制，实验现象得以高效呈现。笔者所在学校正在推广应用的科大讯飞的畅言智慧课堂是一个综合性的教育平台，它利用先进的技术手段，为教师和学生提供了一个高效、智能、全面的教学和学习环境，这个平台再连接学生人手一台的平板电脑，大大提高了课堂上师生互动、生生互动的效率。基于以上分析，本节课将畅言智慧课堂与实验探究相融合，运用手机传感器技术，为学生创设一个信息技术与实验物理教学高度融合的学习情境，让学生在学习情境中观察现象、引起思考、发现问题、提出问题、互动交流、分析数据、得出结论，使每一个学生都能在教师和同学的帮助与启发下建构自己关于超重和失重的理解并且把它纳入牛顿运动定律的知识体系中，使得学生头脑中牛顿运动定律的知识更加完善，实现知识体系的结构化、层次化和系统化。《新课标》对这节课提出的活动建议是"通过各种活动，例如乘坐电梯、到游乐场参与有关游乐活动等，体验失重与超重。"对于这个活动建议，由于受到课堂时间和空间的限制，无法现场完成，所以在课前安排学生去认真感受坐电梯时的感觉，有条件的学生可以去游乐场感受大摆锤、太空梭等游乐活动。

二、教学目标

（一）物理观念

（1）通过超重和失重实验，理解超重和失重与加速度方向有关，与速度方向无关，形成正确的超重和失重的物理概念。

（2）进一步理解运动与力的相互关系，形成更加完善的运动与相互作用的物理观念。

（二）科学思维

（1）能通过超重和失重实验现象的观察、分析、推理、归纳得出超重和失重物理模型的特征。

（2）能将实际问题中物体的运动过程转换成超重或失重物理模型。

（三）科学探究

（1）能够在实验探究过程中观察现象，提出有关的物理问题。

（2）能够在实验探究过程中与老师、同学合作，得到实验结果并作出解释。

（四）科学态度与责任

（1）能感受太空和宇宙的魅力，激发爱国情怀。

（2）亲身经历科学探究过程，认识科学本质，形成严谨的科学态度。

三、重难点分析

重点：理解超重和失重现象的含义以及产生超重和失重现象的条件。

难点：运用牛顿第二定律和牛顿第三定律分析生活中的超重和失重现象，并解释相关现象。

四、教学资源

科大讯飞学生平板50台，钻孔水瓶1个，装有Phyphox软件的手机1台、弹簧测力计1支、50g钩码1个、实验视频2段。

五、教学流程

教学流程如图3.3.1所示。

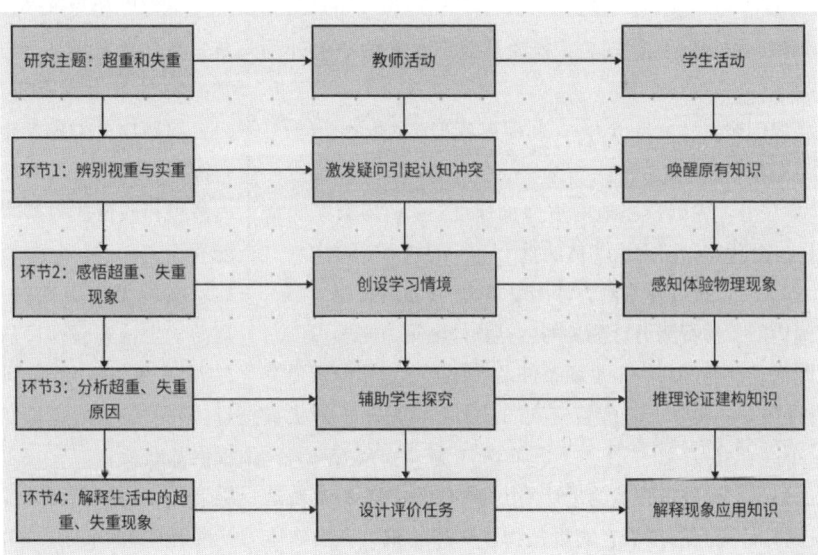

图3.3.1

六、教学过程设计

教学过程设计如表 3.3.1 所示。

表 3.3.1

教学过程	设计意图
（一）吸引环节	
[教师活动] 播放宇航员汤洪波在中国人自己的空间站中用筷子"夹茶吃"的视频。 [学生活动] 观看视频，注意观察，找出空间站中与地球上"吃茶"现象的区别。 [教师提问] 为什么空间站中航天员用来夹茶吃的两根筷子不用绳子绑起来筷子就会各奔东西？为什么汤洪波可以用筷子"夹茶吃"，地球上却做不到呢？这是因为在空间站中发生了物理学中的什么现象？（失重）失重现象是什么？失重现象是如何产生的呢？	通过视频播放创设物理情境，引起学生注意，激发学习兴趣。
（二）初探环节：视重一定等于实重吗？	
[转接语] 要了解失重现象，得先从我们熟知的重力开始讲起。 [教师提问] 怎样测量重力？（利用智慧课堂的抢答功能） [学生总结] 　　方法一：先测量当地的重力加速度 → 利用天平测量质量 → 通过 $G=mg$ 得出物体的重力。 　　方法二：通过弹簧测力计测量重力。（教师板书） [教师提问] 弹簧测力计测量的就是物体的重力吗？ [教师活动] 通过共点力平衡条件及牛顿第三定律分析弹簧测力计测量的实际上是弹簧受到的拉力，只是在平衡状态下大小等于重力。 [概念引出] 视重是弹簧测量计测出来的重力，它的实质是弹簧测力计受到的拉力；实重是物体实际的重力。当物体处于平衡状态时，视重等于实重。	从学生日常熟悉且习以为常的测量重力原理出发，设置问题串，引导学生进行深入思考，帮助学生培养猜想和假设的科学探究能力。 演示实验得出定性结果，遵循学生认知规律，从简单到复杂，从定性到定量，为下一步的定量实验提供基础。 乘坐电梯的提问帮助学生回忆乘坐电梯的亲身感受和体验，为建构超重与失重的物理科学概念提供基础。

教学过程	设计意图
[教师提问] 如果不是处于平衡状态，视重还会等于实重吗？我们通过实验来看看。 [演示实验] 通过快速上提弹簧测力计，观察到纸片向下移动了一段距离。弹簧测力计示数是视重，说明上升过程视重不等于实重。但是由于过程过于短暂，不容易捕捉到，所以采用传感器来记录。 [教师提问] 同学们在日常生活中都乘坐过电梯，请问在乘坐电梯的过程中，你有什么感觉？ [教师作答] 有学生说坐电梯时有双脚"悬空"的感觉，也有学生说坐电梯时感觉双脚受到的压力增大了。	
（三）探究环节：感悟超重、失重现象	
[器材介绍] 手机内置有加速度传感器，可以利用传感器测量对手机的拉力。已知手机的质量为180g，传感器的示数为视重。 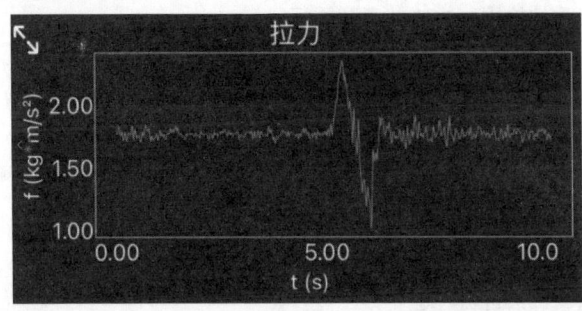 得出来的数据图像，横、纵坐标分别表示时间和拉力的大小。 [学生活动] 根据图像得出当物体处于开始上行时、上行结束前、开始下行时、下行结束前物体视重与实重的关系，并记录到表格中。	引导学生猜想超重和失重的影响因素，激发学生的探究欲望。在这个过程中，学生容易误认为超重、失重与物体的速度方向有关，通过相关解析来帮助学生形成"超重和失重与加速度方向有关，与速度方向无关"的观念。通过智慧课堂全班作答功能，及时评价学生对超重与失重的掌握情况。

续表

教学过程	设计意图

状态	视重(拉力)与重力的关系	超失重	运动方向	速度大小变化	加速度方向
开始上行					
上行结束前					
开始下行					
下行结束前					

通过视重与重力的关系，得出超重与失重的定义。最后通过分析实验数据得到超重、失重的原因：物体处于超重还是失重状态，仅由竖直方向加速度方向决定，与物体速度方向无关。

超重现象：物体对悬挂物的拉力或对支持物的压力大于物体的重力，即视重大于实重的现象。

失重现象：物体对悬挂物的拉力或对支持物的压力小于物体的重力，即视重小于实重的现象。

[练习1] 下列关于超重和失重，说法正确的是（　　）。（智慧课堂全班作答）

  A. 超重现象就是重力增大，失重现象就是重力减小

  B. 无论是超重还是失重，实质上作用在物体上的重力并没有改变

  C. 卫星中的物体从发射开始就处于完全失重状态

  D. 不论什么原因，只要物体对支持物的压力（或悬挂物的拉力）增大了，就说明物体处于超重状态

第三章　高中物理有效教学的技术整合策略 | 111

续表

教学过程	设计意图
（四）解释环节：分析超重、失重原因	
[转接语] 以上我们通过实验分析出超重与视重的原因，我们能不能通过理论进行分析呢？ [师生活动] 师生共同讨论下蹲过程中的超重、失重的原因。起立过程由学生自主完成。（通过屏幕截图分享全班作答功能，学生通过在作业纸上分析，拍照上传答案） [教师活动] 播放视频，人在体重秤上起立与下蹲过程中体重秤示数的变化。（教师板书） [教师提问] 我们能够感知到重力，是因为我们受到支持力的作用，有没有什么办法，可以让我们受到的支持力变为0？ [学生回答] 当物体的加速度 $a=g$ 时，支持力就变为0了。 [教师讲解] 所以当 $a=g$ 时，就是完全失重的状态。（板书） [教师活动] 提问：我们有没有办法可以使加速度变为 g？（自由落体运动）随后将手机做自由落体运动，通过分析实验数据图象，可以发现在自由落体运动时，物体所受到的拉力变为0，处于完全失重的状态。	本环节通过下蹲和起立动作，感悟生活中的超重、失重现象，并用放大法展示其过程，为学生创设了真实的、切身参与的物理情境。 完全失重是失重现象的一种特例，通过设计略有挑战性的小任务，让学生先进行实验探究，而不是直接给出定义，然后再通过层层递进的问题引导，为学生铺设思维台阶，启发学生利用物理原理解释生活现象，并用物理原理解决实际问题。
（五）迁移环节：解释生活中的超重、失重现象	
[演示实验] 水瓶下落实验。 　　装满水的开孔塑料瓶在自由下落时，水不会从小孔喷出，斜抛的水瓶呢？ [解释开头] 为什么宇航员可以在太空中用筷子夹茶吃？（抢答） [练习2] 如图所示，用一根绳子提一桶水，桶和桶中水的总质量为5kg，假定绳子能够承受的最大拉力为52.5 N，取重力加速度 $g=9.8$ m/s^2。若将水桶从静止开始以 1.5 m/s^2 的加速度匀加速提起，请通过计算说明绳子是否会断开。（图略）	教师演示趣味实验，引导学生利用完全失重的定义解释所观察到的实验现象，巩固相关概念的认识。引导学生利用所学的知识来解答课程开始时的疑问，让学生体验解决问题带来的喜悦，增强对物理的兴趣。 通过畅言智慧课堂平台，要求每个学生把自己的作答情况，用平板电脑拍照后上传。教师选择学生典型的解答进行讲解和评价。

续表

教学过程	设计意图
板书设计	

第 5 节 超重与失重

一、重力的测量

方法一：$G=mg$

方法二：弹簧测力计

二、超重与失重

超重：视重>实重，$a\uparrow$

失重：视重<实重，$a\downarrow$

完全失重：$a=g$，视重$=0$

状态	视重（拉力）与重力的关系	超失重	运动方向	速度大小变化	加速度方向
开始上行	$F>G$	超重	$\uparrow$	加速	$\uparrow$
上行结束前	$F<G$	失重	$\uparrow$	减速	$\downarrow$
开始下行	$F<G$	失重	$\downarrow$	加速	$\downarrow$
下行结束前	$F>G$	超重	$\downarrow$	减速	$\uparrow$

本节课通过应用畅言智慧课堂平台与学生人手一台的平板电脑连接，创设了一个信息技术与高中物理实验教学高度融合的物理课堂。Phyphox 是德国博士研究生 Sebastian Staacks 和他的团队开发的一款软件，应用手机内置的传感器能够实现对力、加速度、速度、角速度、磁感应强度、声音强度、光线强度等物理量的定量测量并实时显示。这款软件可以免费下载和使用，当前世界各地众多物理教师都在使用这款软件，并且实现了资源共享。软件的基本功能只能测量超重与失重的加速度，扫图 3.3.2 中的二维码可以升级软件，实现测量超重与失重时的拉力大小。该软件还提供了多种语言版本，界面如图 3.3.2 所示。

本节课应用装有 Phyphox 软件的手机测量拉力大小，回避了传统实验拉力不够稳定、数据不好读取的问题，实时准确地读取了拉力大小数据，并且实时生成拉力与时间关系图像,高效地得出了实验数据,为进一步的实验分析打下了很好基础。

图 3.3.2

通过畅言智慧课堂平台的全班作答功能,收集全体学生课堂练习的作答情况。练习 1 客观题的答题情况可以用电子表格的形式呈现,如表 3.3.2 所示。它精准地呈现了每一个学生的选择答案和答题所用的时间,答题时间从 15 秒到 53 秒不等,全班 49 人中有 47 人得出了答案,2 人没有得出答案,得出答案的 47 人中有 42 人选择了正确的 B 选项,3 人选择了 C 选项,2 人选择了 D 选项,0 人选择 A 选项,正确率是 86%。学生的答题情况还可以用形象直观的图形呈现出来，如图3.3.3所示。

表3.3.2 学生答题情况

姓名	选项	答题时间（秒）
曹祖杰	B	15
郑生城	B	17
吴大航	B	19
谢灵捷	B	22
陈义铠	B	23
李馨蕾	B	24
王佳敏	B	25
林忠宇	C	25
包郑华	B	26
林 森	B	26
万梓歆	B	27
朱樟杪	B	27
吴谭茜	B	28
胡联杰	B	28
童 翔	B	29
章雨萱	B	30
肖家琳	B	30
吴 昊	B	30
曹心妍	B	30
张馨语	B	31
罗曼烯	B	31

续表

姓名	选项	答题时间（秒）
黄修毅	B	31
黄锐颖	B	31
谢绵淇	B	32
涂圣垚	D	32
邓　欣	B	33
王鑫蕊	B	34
曹语涵	B	35
黄瑞莹	C	36
林裕晖	B	36
王奕晨	B	37
颜雨诺	B	37
潘美灵	B	38
张昌鑫	B	38
朱家宜	B	40
王　莹	B	41
王楚涵	B	41
林　枫	B	42
邓初晗	B	43
郑国梁	D	44
林欣儿	C	44
宋金坪	B	45
魏观程	B	46

续表

姓名	选项	答题时间（秒）
邓涵宇	B	48
林伊曼	B	48
张天昇	B	52
陈培仁	B	53

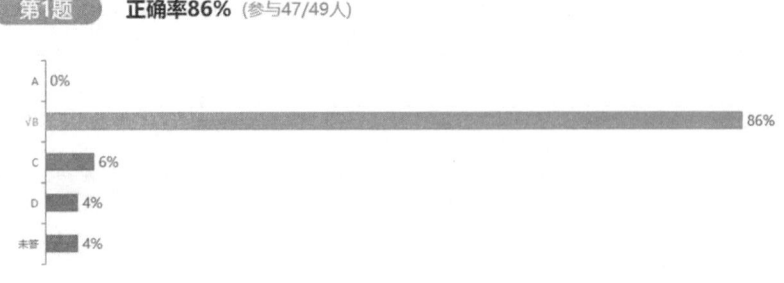

图 3.3.3

练习2主观题的答题情况可以在一个全班共同参与的对话框中以图片的形式呈现，如图3.3.4所示。作答情况以图片呈现使学生不但知道自己的作答情况，还可以看到其他同学的作答思路和作答情况，从同学的作答思路中得到启发：若同学的作答思路是错误的，他错在哪里？我应该如何避免犯同样的错误；若同学的作答思路是正确的，我应该把同学的正确的思路纳入自己的知识结构体系中，建构一个更完整系统的知识体系。这样为课堂的师生互动、生生互动提供了非常好的媒介和抓手，大大提高了课堂互动的效率。

这样可以即时、迅速、精准地得到学生学习情况的反馈数据，准确评价学生学习目标达成情况，为教师下一步教学的展开推进提供了准确的学情实证数据支持。避免了传统课堂评价基于教师的经验和推理而造成的不准确的弊端，为得到高中物理课堂准确的过程性形成性评价数据提供了很好的技术手段，为打造更加有效的高中物理教学提供了很好的技术支持。它是信息技术与高中物理教学深度有效融合很好的示范。

第三章 高中物理有效教学的技术整合策略

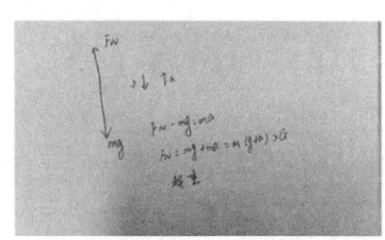
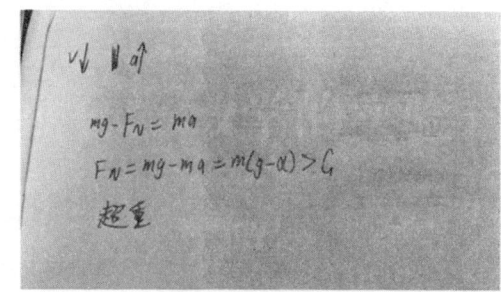
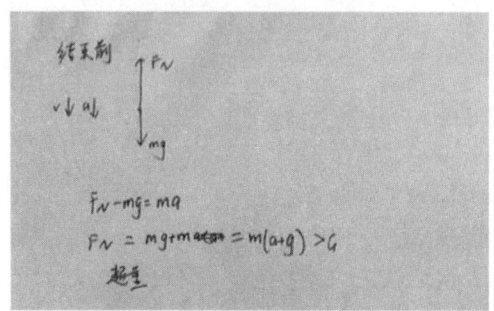
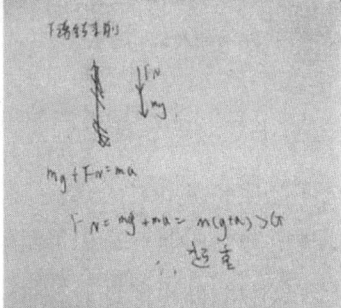
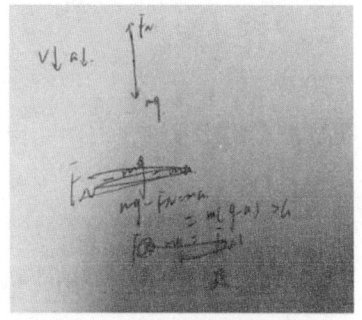
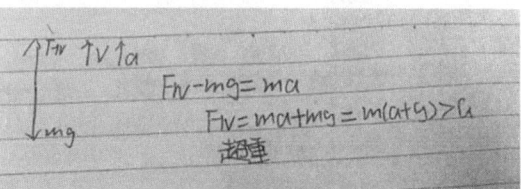
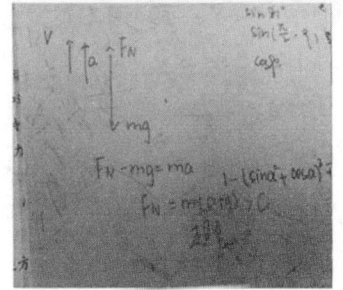

图 3.3.4

第四节　智学网与高中物理教学融合

近年来，笔者所在学校与智学网合作，应用网络信息技术与人工智能技术的优势，加快了高中物理教学与信息技术的融合步伐。通过近年来智学网的推广应用，智学网在学业评价、学情诊断、教学设计、精准教学等方面发挥了很大的作用。

一、应用智学网大大提高学业评价的信度和效度

应用智学网的选题组卷功能提高试卷的命题质量，提高试卷的测量信度和效度（图3.4.1）。利用智学网进行辅助命题时，不但可以从知识点也就是试题内容的维度进行选题，还可以从题型难度、题类、情境、思想方法、典型场景、核心素养等七个维度选择试题。从这七个维度选择出来的试题，能够使试题的知识覆盖面更全面、难度结构更合理、考察的核心素养维度更准确、测量的学业水平层次更清晰，从而提高测量的信度和效度，使高中物理教学更有效。特别是对高中物理试题情境，按照中国高考评价体系要求，情境可以分为学习探究类情境和生活实践类情境，而智学网上把这两类情景进一步细化划分为自然现象、生产生活、科技前沿、物理学史四类试题情境，而试题情境的复杂性和新颖性是试题难度三个维度之中的一个重要维度，智学网给命题提供的四类试题情境的自由选择为提高试题质量在试题情境维度提供了保证。还可以从核心素养的物理观念、科学思维、科学探究、科学态度与责任四个维度以及每一维度对应的五个学业质量水平等级去做精准的选题，思想方法方面可以选择控制变量法、等效法、对称法、图像法、假设法、微元法、函数法、归纳法、几何法、比值定义法、临界法等。还可以对试题的情景进行选择，可以选择光学场景、热学场景、电磁学场景和动力学场景等。这为高中物理教学紧扣高中物理课程标准进行教学评价提供了很好的抓手。

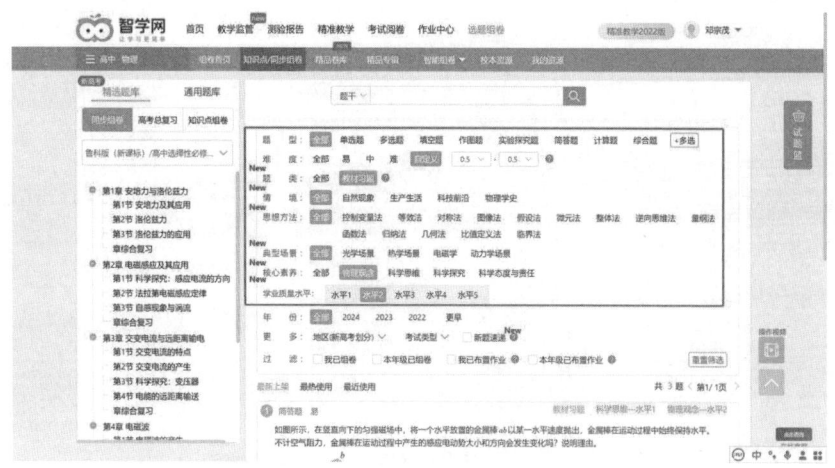

图 3.4.1

二、运用智学网提高学情诊断准确度和教学效率

测试结束之后全班学生的答题情况一目了然,哪些题答得好,哪些题答得不好,得分率的高低,都可以看到。从班级整体情况来看,智学网用红、橙、蓝、绿色分别代表难度的困难、较难、一般、较易。从学生个体情况来看,我们可以通过智学网准确及时地了解他在哪一个知识点的什么能力水平上没有掌握好。智学网的学科学情对比方面有班级、年级、区域的掌握率和考频等数据,通过班级历次考试数据,挖掘班级薄弱点、遗漏点,辅助教师诊断班级共性学情问题。如图 3.4.2 所示,我们可以看到从班级学生整体情况来看,在超重和失重、霍尔效应、传感器、变压器的动态分析、变压器的构造和原理等知识点上,班级掌握率远远低于年级掌握率,存在较大的缺漏。还可以与区域掌握率进行对比,了解本班本知识点在本教学区域内的掌握情况。而从学生个体情况来看,陈伊杨、杨丹、黄轩、陈方圆等同学在霍尔效应和传感器等知识点方面存在较大的缺漏(图 3.4.3)。这为我们准确了解学生学习的重点、难点和薄弱点,从而有针对性地展开有效的课堂教学提供了基于证据的准确的学情诊断数据。

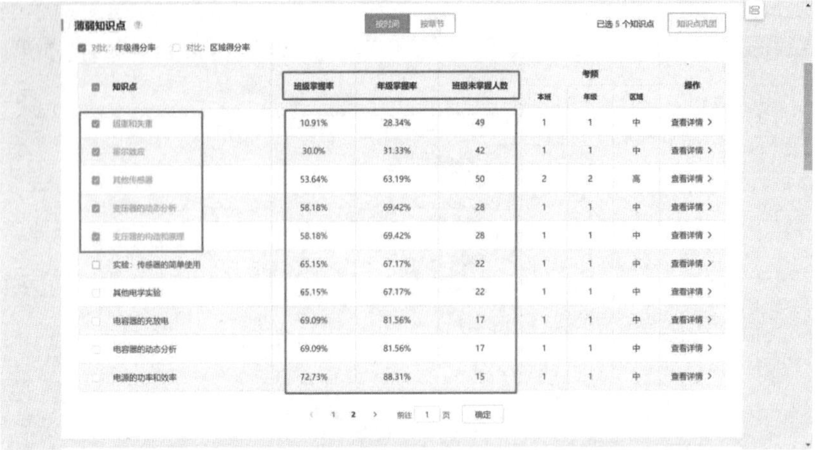

图 3.4.2

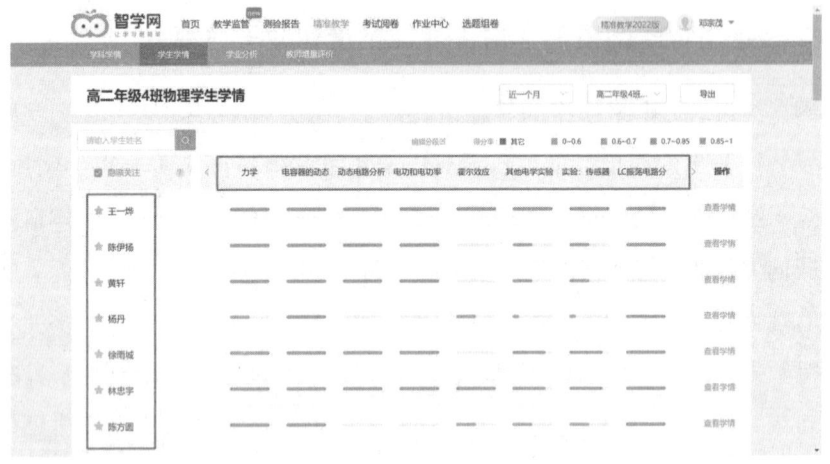

图 3.4.3

三、利用智学网进行高效的针对性作业设计与补救教学

作业是高中物理教学的一个重要组成部分，也是高中物理课堂教学的延伸。传统的作业布置是全班所有的同学都做同样的作业，缺乏针对性，往往造成学习先进的同学吃不饱，后进的同学吃不了。对学习先进的同学来说作业没有挑战性，这样简单机械重复的作业对学生的高中物理学科的学习兴趣、学习主动性和学习积极性是一个很大的打击，也非常不利于学生的实践能力

和创新精神的培养，这是与当前新一轮课程改革的目标和精神背道而驰的；而对后进的同学来说可能是一座座难以逾越的高山，根本没有办法独立完成，日常教学中就有部分学困生自嘲地说："物理作业我是看一题不会，再看一题还是不会，又看一题就接近崩溃。"心理学研究表明，青少年在学习过程中是需要成就感和及时的正反馈的，成功才是成功之母。青少年学生需要积累完成一个个小问题的成就感，从一个胜利走向另一个胜利，这才是一个有利于培养物理学科学习情感的愉快的学习过程。应用智学网强大的试题库以及试题智能推送功能，可以进行分层次的作业布置和因人而异的每个学生都不一样的个性化的作业布置，这样就避免了"生的是不同的病而吃同样的药"的尴尬。

我们在找到了学生学习的薄弱点之后就要做补救教学，而做补救教学的前提是要找到与学生薄弱知识点对应内容以及对应学业水平要求的情境试题。智学网的海量试题库以及智能推送功能可以为我们的补救教学提供非常大的助力。如图3.4.4所示，智学网针对本题做了五个拓展的智能推送题。这为教师进行高效备课提供了很好的抓手。另外，智学网针对每一个学生的具体情况推送的个性化学习手册为每一个学生量身定制了各不相同的针对性的学习材料，真正做到因人而异、因材施教，也是补救教学的一个非常好的媒介（图3.4.5）。

图 3.4.4a

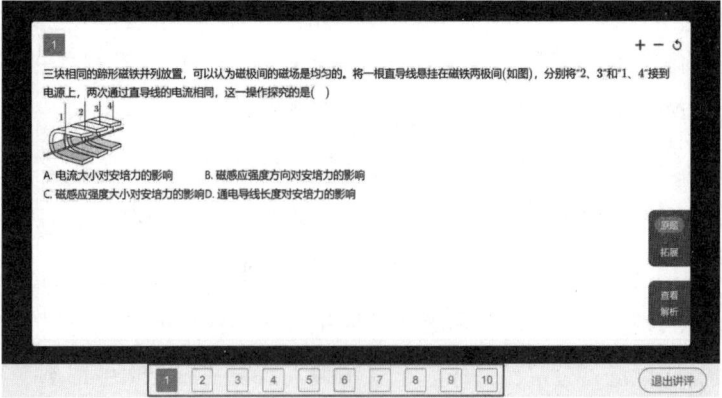

图 3.4.4b

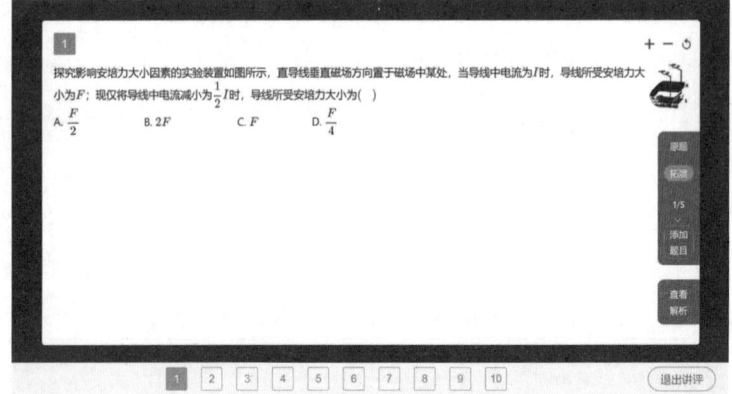

图 3.4.4c

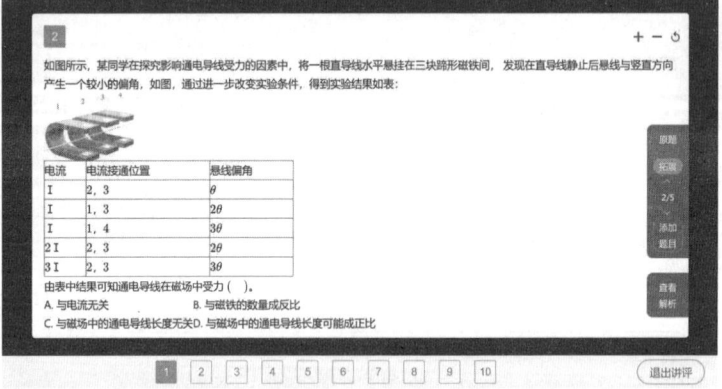

图 3.4.4d

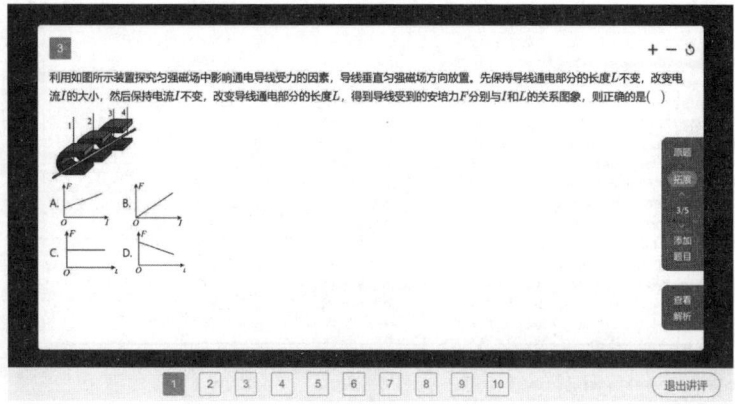

图 3.4.4e

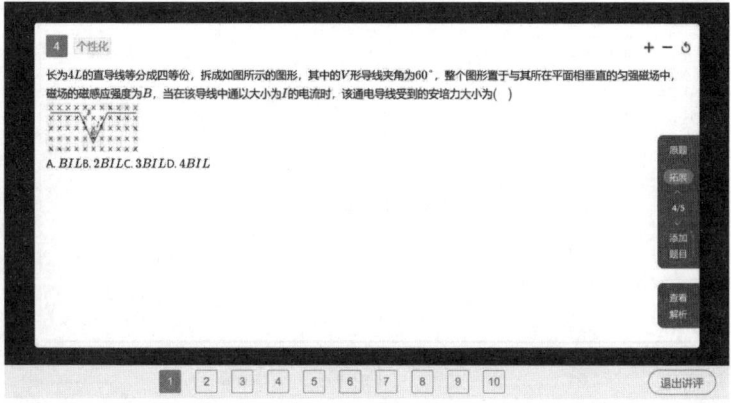

图 3.4.4f

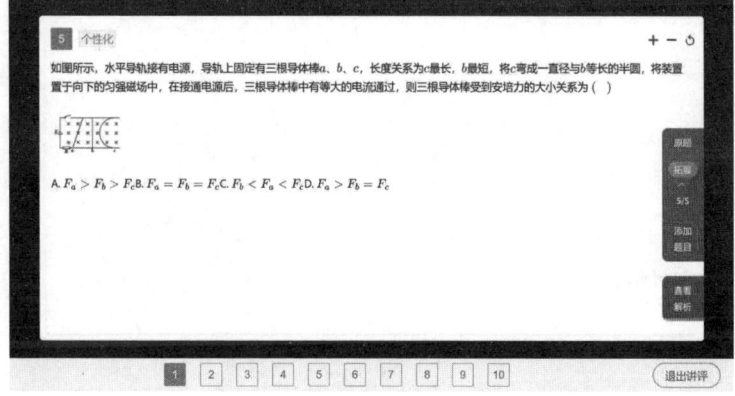

图 3.4.4g

图 3.4.4

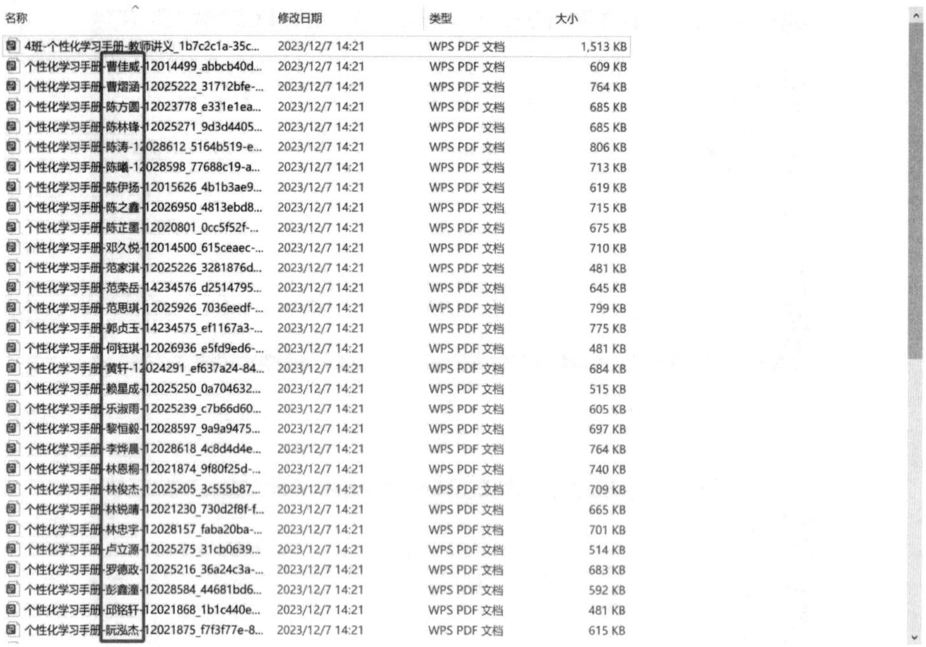

名称	修改日期	类型	大小
4班-个性化学习手册-教师讲义_1b7c2c1a-35c...	2023/12/7 14:21	WPS PDF 文档	1,513 KB
个性化学习手册-曹佳威-12014499_abbcb40d...	2023/12/7 14:21	WPS PDF 文档	609 KB
个性化学习手册-曹熠涵-12025222_31712bfe-...	2023/12/7 14:21	WPS PDF 文档	764 KB
个性化学习手册-陈方圆-12023778_e331e1ea...	2023/12/7 14:21	WPS PDF 文档	685 KB
个性化学习手册-陈林锋-12025271_9d3d4405...	2023/12/7 14:21	WPS PDF 文档	685 KB
个性化学习手册-陈涛-12028612_5164b519-e...	2023/12/7 14:21	WPS PDF 文档	806 KB
个性化学习手册-陈曦-12028598_77688c19-a...	2023/12/7 14:21	WPS PDF 文档	713 KB
个性化学习手册-陈伊扬-12015626_4b1b3ae9...	2023/12/7 14:21	WPS PDF 文档	619 KB
个性化学习手册-陈之鑫-12026950_4813ebd8...	2023/12/7 14:21	WPS PDF 文档	715 KB
个性化学习手册-陈芷墨-12020801_0cc5f52f-...	2023/12/7 14:21	WPS PDF 文档	675 KB
个性化学习手册-邓久悦-12014500_615ceaec-...	2023/12/7 14:21	WPS PDF 文档	710 KB
个性化学习手册-范家淇-12025226_3281876d...	2023/12/7 14:21	WPS PDF 文档	481 KB
个性化学习手册-范荣岳-14234576_d2514795...	2023/12/7 14:21	WPS PDF 文档	645 KB
个性化学习手册-范思琪-12025926_7036eedf-...	2023/12/7 14:21	WPS PDF 文档	799 KB
个性化学习手册-郭贞玉-14234575_ef1167a3-...	2023/12/7 14:21	WPS PDF 文档	775 KB
个性化学习手册-何钰琪-12026936_e5fd9ed6-...	2023/12/7 14:21	WPS PDF 文档	481 KB
个性化学习手册-黄轩-12024291_ef637a24-84...	2023/12/7 14:21	WPS PDF 文档	684 KB
个性化学习手册-赖星成-12025250_0a704632...	2023/12/7 14:21	WPS PDF 文档	515 KB
个性化学习手册-乐淑雨-12025239_c7b66d60...	2023/12/7 14:21	WPS PDF 文档	605 KB
个性化学习手册-黎恒毅-12028597_9a9a9475...	2023/12/7 14:21	WPS PDF 文档	697 KB
个性化学习手册-李烨晨-12028618_4c8d4d4e...	2023/12/7 14:21	WPS PDF 文档	764 KB
个性化学习手册-林恩桐-12021874_9f80f25d-...	2023/12/7 14:21	WPS PDF 文档	740 KB
个性化学习手册-林俊杰-12025205_3c555b87...	2023/12/7 14:21	WPS PDF 文档	709 KB
个性化学习手册-林锐晴-12021230_730d2f8f-f...	2023/12/7 14:21	WPS PDF 文档	665 KB
个性化学习手册-林忠宇-12028157_faba20ba-...	2023/12/7 14:21	WPS PDF 文档	701 KB
个性化学习手册-卢立源-12025275_31cb0639...	2023/12/7 14:21	WPS PDF 文档	514 KB
个性化学习手册-罗德政-12025216_36a24c3a-...	2023/12/7 14:21	WPS PDF 文档	683 KB
个性化学习手册-彭鑫潼-12028584_44681bd6...	2023/12/7 14:21	WPS PDF 文档	592 KB
个性化学习手册-邱铭轩-12021868_1b1c440e...	2023/12/7 14:21	WPS PDF 文档	481 KB
个性化学习手册-阮泓杰-12021875_f7f3f77e-8...	2023/12/7 14:21	WPS PDF 文档	615 KB

图 3.4.5

第四章　高中物理有效教学的科学思维可视化策略

科学思维是对感性认识材料进行加工处理的方式与途径，它包括归纳、演绎、类比、概括、抽象、分析、综合、概念、判断、推理等思维方式。科学思维是内隐而不外显的人脑活动，所以张三是怎么思考的，李四是完全不可知不可觉的。即使是张三本人反思他自己的思维过程或者思维路径也会感到困难。为了便于思维主体对自我思维的反思和不同的个体之间交流科学思维的方法与路径，我们可以把内隐的科学思维方法或路径外显化，让其他人能够看到某个个体的科学思维方法与过程。那么通过什么方式来实现科学思维方法或路径外显化呢？人的感觉器官有眼、耳、鼻、舌、皮肤，也就是人可以通过视觉、听觉、嗅觉、味觉和触觉来感受外部世界。理论研究表明，人接收外部世界的信息75%来自视觉，视觉通道是人接收外部信息最高效的通道。因此，把个体的思维方法和过程用可视化的方法呈现出来，是最有利于个体之间相互交流和个体自我反省的。那么把思维可视化的方法有哪些呢？用图形图画来呈现个体的思维是一个很好的方法，例如思维导图、概念图、流程图等。在课堂上应用思维可视化的方法，呈现个体的思维方法与路径，也有利于课堂的师生互动、生生互动。由于人脑的工作记忆容量有限，特别是推理思维的链条比较长时会给人脑造成过大的认知负荷，而通过可视化的呈现就可以使人脑对推理过程中的细节形成板块化的认知，降低科学推理给人脑造成的负荷，同时提高学习的效率，切实让"减负增效"在高中物理课堂中落到实处。

第一节　高中物理学科思维导图的概念

思维导图作为一种被当今世界至少 2.5 亿人广泛应用的高效学习工具，已经在全世界被广泛地应用于教育、医学、工业、农业、气象、管理等各个领域，并正在发挥着巨大作用。自 20 世纪 90 年代博赞思维导图传入我国以来，很多思维导图爱好者开始在各领域进行应用尝试，其中在企管培训领域的传播最为广泛，随后在教学领域也展开了丰富的应用实践及深入研究。思维导图作为一种教学策略，在我国教育领域也逐渐引起人们的关注。

思维导图是英国著名学者东尼·博赞开发出来的一种记忆与思维工具。它以放射性思维为基础、以图文并重的形式，通过符号、关键词、图像、线条和颜色，遵循简单、自然、易被大脑接受的规则，以一个中心主题为思维原点，想到什么就写什么，建立一个发散的树状图，把各级知识主题的关系表现出来。它在导向和记录思维过程的同时建立起记忆连接，将原本在人的头脑中不可见的思维结构、路径和方法用图的方式呈现出来。笔者在文中称之为博赞思维导图。

学科思维导图在博赞思维导图的基础上，进一步强调了逻辑性与结构化。它要求导图中的各个元素之间必须要有清晰明确的逻辑关系，只有这样的元素才能用引导线相互连接起来，不能无根据地连接元素。换句话说，博赞思维导图强调放射性思维，主张自由发散联想，可围绕一个思维原点想到什么就写什么，不要求元素与元素之间的逻辑关系，想到即合理，绘制较为随意。而学科思维导图则更强调结构化思维，绘制更严谨规范，必须按照高中物理学科本身的知识结构、规律特点来绘制，对绘制者的逻辑思维能力及学科知识基础提出了较高的要求。学科思维导图在形式上像博赞思维导图，而在内涵上则融入了概念图和流程图的逻辑思维理念，它与高中物理学科的知识结构、思维特点、课程标准以及考试大纲相结合。为了区分几种偏重不同的学科思维导图，我们又把学科思维导图分成学科思维逻辑导图、学科思维概念导图和学科思维流程导图。

　　高中物理知识的系统性、综合性、抽象性对学生的记忆、理解、思维能力有较高的要求，而传统教学从知识点到知识点的线性思维习惯使得学生不善于主动剖析物理概念、规律之间的联系，不能从知识间的联系把握知识的本质和建立知识框架系统，导致物理知识在学生的头脑中无法形成有序的结构，这增加了学生记忆知识的难度，导致学生对所学知识的记忆比较零散，加重了学生的记忆负荷和认知负荷，学生需要使用知识解决问题时提取的效率也不高。这是当前高中学生普遍反映物理难学的主要原因。

　　信息传播学及脑科学的研究表明：在各类信息中图像信息的传递效率是声音信息的两倍，是文字信息的十倍。俗话说"一图胜千字""百闻不如一见"就是这个道理。我们的大脑更喜欢"图"，也更擅长理解与记忆"图"，所以"图"能够让学生更快更好地理解与记忆知识。学科思维导图一方面充分发挥图的优势，用图像、颜色以及关键词等来建立记忆连接，用图文并重的方式把各级主题之间的关系以相互隶属的层级图形式清晰地展现出来，帮助学生记忆与理解知识，另一方面同时关注知识背后的思维，引导学生思考知识之间的内在联系和逻辑关系，学生通过自己的分析、判断与推理等思维活动建立知识之间的联系，把握知识的内涵与外延，主动地获取知识，灵活地掌握知识，能够将隐性、模糊、零散的知识点变成显性、清晰、系统的知识网，自主构建物理知识体系，拓展物理思维空间，提高科学思维能力与思维品质。这样以学科思维导图辅助教与学的物理课堂，思维含量大大增加，思维深度大大加深，师生的思维能力得到大大加强；这样的课堂让学生深刻体会到有效思考的乐趣，获得明确成果的成就感，从而在愉悦的学习中提升物理科学思维核心素养，让学生爱思考、会思考、享受思考不但学会，更会学；这样的课堂也促使物理教师必须着眼于学生的认知规律和前知识结构进行创设情境、引导学生有针对性地梳理和提炼新旧知识之间的逻辑关联并加以可视化表达，在知识梳理的过程中完成前认知结构与新知识的有机重组或重构，形成新的结构化认知。

　　总之，学科思维导图能够全面调动左脑的逻辑、数字功能以及右脑的图像、想象功能,通过开发大脑潜能来提高学生的思维品质,培养学生的科学思维能力。切实落实学生学习主体地位,落实以学生为中心展开教学的新课改要求,实现物理课堂教学从知识本位、学科本位向学生本位的转变。切实做到减负增效,打造高中物理高效课堂,全面提升学生的物理学科核心素养。

在高中物理教学实践中,如何紧扣核心素养课程目标提高学生的科学思维能力,是高中物理课堂教学策略选择的永恒话题。下面笔者结合自己的教学实践谈谈学科思维导图在辅助高中物理教与学中的作用,希望能够引起同行对这一问题更深入地思考。

1. 学科思维导图辅助教师全面把握教材

随着近年来我国新课程改革的不断推进,高中物理教材呈现多种版本,不同学校可以根据校情、学情自由选择不同版本的教材。而高中物理一线教师往往对教材研究不多,对教材中教学内容选择的依据及教学顺序的编排理解不够,不习惯也不愿意多去思考为什么要引入某一章节或知识点、某一章节或知识点为什么要放在教材的这一位置,更不善于从整个物理知识结构和学生认知规律的角度来理解某一章节或知识点的作用和地位。他们往往是按部就班地教教材,教材编排什么他们就教什么,并且是完全按教材章节顺序授课,不敢越雷池半步。如果教师能够用学科思维导图来梳理一下知识脉络,重构一个清晰有层次的知识体系,就能够对物理概念、规律的教学有一个更清晰的理解,对物理概念引入的必要性有更深刻的认知。例如,对于高中物理电磁学部分的教学绘制如图 4.1.1 所示的学科思维导图,就不但可以让教师对这一部分的知识体系有一个清晰的层次化、结构化的认识,还能让其深刻地理解磁通量这一核心概念在《磁场》和《电磁感应》部分的统领地位,更好地理解鲁科版高中物理第三册第五章《磁场》第三节内容为什么要引入磁通量这一概念,同时也就把握住了磁通量概念教学的内涵与外延和教学的重点与边界,让教师站在一个更高的高度来进行本知识专题的教学,从教教材走向用教材教。

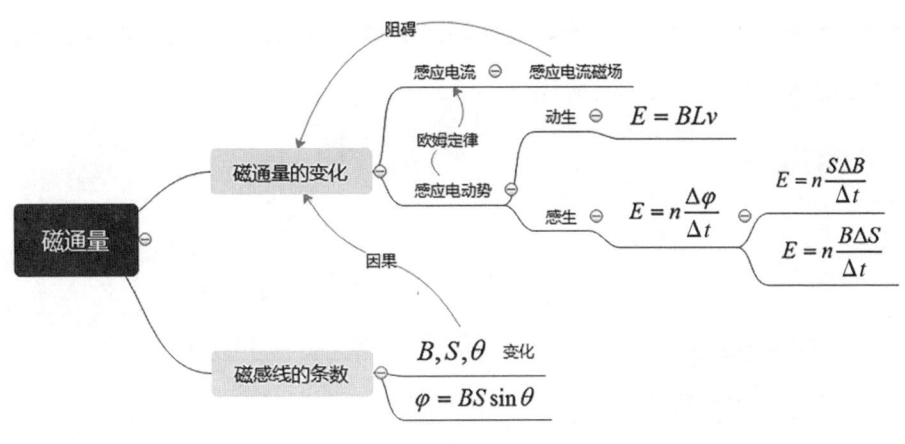

图 4.1.1

2. 学科思维导图辅助学生系统梳理知识

学生绘制学科思维导图的过程就是从头脑中自主输出知识的过程，通过知识的输出，学生能够进一步重新建构知识，建立更加层次清晰、合理有序、便于提取的知识体系，从而辅助学生对知识的记忆、理解、加工、提取和应用。例如，学生学完电学实验部分后往往觉得知识内容零散繁多，知识之间的层次关系杂乱、本质关系模糊。这样零散、杂乱、模糊的知识是无法高效提取出来解决情境问题的，学生在解决问题时往往只能拿记忆中的题型来生搬硬套，而不是进行有顺序、有层次的分析，导致不能高效地解决问题。学生即使能够碰巧把问题解决了也会感觉偶然成分很大，对自己的问题解决能力没有信心。如图 4.1.2 所示就是学生通过一个小组四位同学的合作绘制的学科思维导图，他们通过讨论抓住了电阻测量中"电路元件"与"测量方法"这两个关键词，然后从这两个关键词出发联想到"电源""滑动变阻器""电表"和"伏安法""半偏法""替代法"，再由"伏安法""半偏法""替代法"联想到测量电路与误差分析，绘制出了如图 4.1.3 所示的子导图，从而建立了一个符合学生认知习惯的知识体系。这样学生主体思维的参与就对所学知识加深了理解、增强了记忆，同时会强烈地体会到有效思考的快乐，获得明确成果的成就感。这让学生感受爱思考、会思考、享受思考的乐学体验,让他们不但能够学会,更能够会学,大大有利于激发学生的学习兴趣和热情,让他们在愉悦的学习中提高物理科学思维核心素养,从而促进高中物理情感态度价值观目标的有效达成。

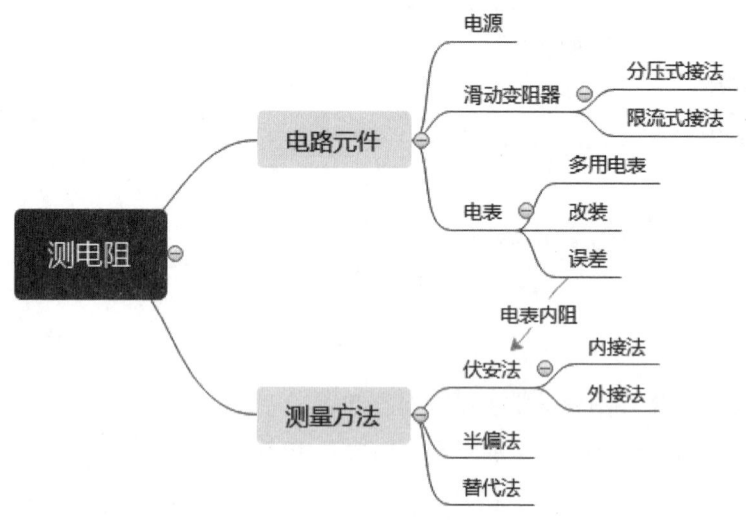

图 4.1.2

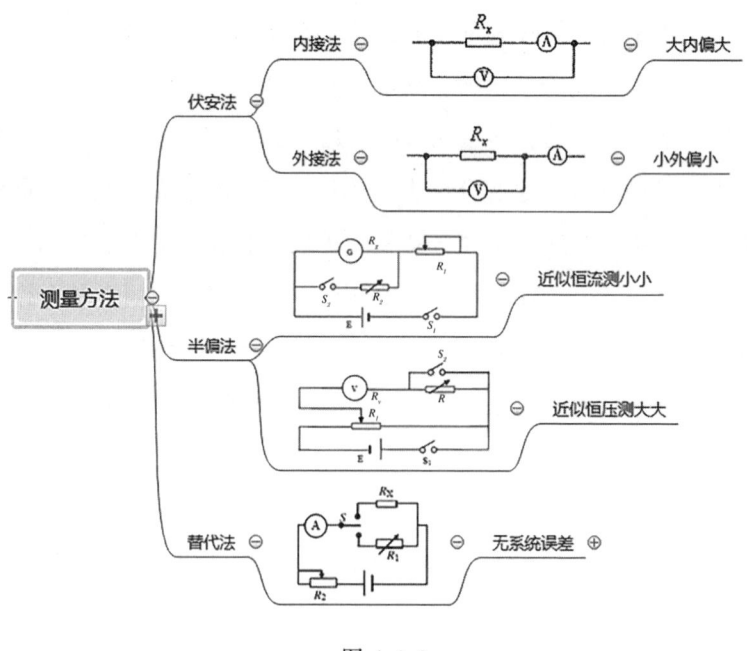

图 4.1.3

3. 学科思维导图辅助学生深刻理解模型

模型建构是科学思维的一种重要方式，物理情境问题的解决往往需要经过模型建构的思维过程。而当前高中物理教学中往往用习题代替情境问题，妄图通过刷题来提高学生的问题解决能力，而且往往特别重视习题的数量、解题的结论，追求习题的难度，而轻视习题的质量、解题的过程，忽视习题的基础性和问题解决中的模型建构过程。简单机械重复的课堂问题缺乏情境性、典型性、启发性、可迁移性，学生在这样的课堂中没有经过模型建构的思维过程，无法感受到对物理知识理解的加深和知识结构的优化，严重挫伤学生的学习积极性并且严重影响学生的学习情感体验。例如，带电粒子在匀强电场中的偏转运动模型的建构就可以通过结合问题情境抓住关键词"粒子的受力情况""粒子的运动情况"展开思考，逐步引导学生提出系列问题，辅助学生主体参与绘制这一运动模型的学科思维导图。

首先抛出问题情境：一带电量为$+q$，质量为m的粒子（不计重力），从板长为L、间距为d的两水平金属板左侧中点以初速v_0射入，金属板之间电势差为U，粒子能从金属板右侧飞出（图4.1.4）。

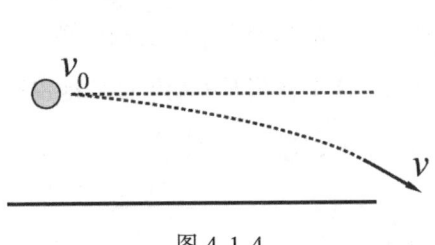

图 4.1.4

然后引导学生思考情境问题：

①带电粒子受哪些力的作用？

②粒子的加速度大小和方向。

③粒子在电场中运动的时间。

④粒子在射出电场时竖直方向上的偏转距离。

⑤粒子在射出电场时竖直方向的分速度。

⑥粒子在射出电场时合速度大小和方向。

⑦粒子在射出电场时偏转角度 θ 的大小。

以上系列问题是学生结合平抛运动知识和运动合成与分解的方法把重力替换为电场力之后就可以解决的，之后再引导学生讨论思考下列综合问题。

①若在两板间加上可调偏转电压，求能穿出两板间所加偏转电压 U 的范围。

②若在两板间加上可调偏转电压，要使电荷离开偏转电场时偏转角最大，两平行板间的电压应为多少？当电荷离开偏转电场的偏转角最大时，电子的动能多大？

③若有一足够大的竖直屏与两板右侧相距 b，求粒子到达屏上与屏中心的距离 y_0。

④若在两板间加上可调偏转电压，求粒子可能到达屏上区域的长度。

⑤若带电粒子先经加速电场 U_0 加速，再经偏转电场 U_1 偏转后，飞出电场打到荧光屏上而显示亮点 P，则偏移量和偏转角分别为多少？

学生通过这一系列问题的思考与求解，水到渠成地绘制出了如图 4.1.5 所示的模型思维导图。这样让学生以平抛运动及运动合成与分解为知识能力的生长点，通过学生主体思维的参与，应用分析、综合、推理、判断、类比、抽象、概括等方法，建构起了带电粒子在匀强电场中的类似平抛运动的模型及其运动规律特点。这样建构的模型在学生头脑中是和其他知识有机联系的，内涵与外延是非常清晰的，需要使用时就能够高效地提取。

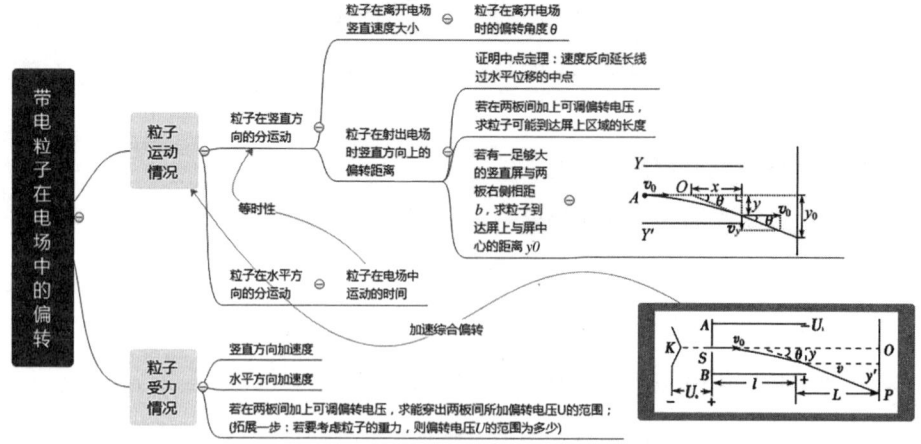

图 4.1.5

第四章 高中物理有效教学的科学思维可视化策略

下文展示学科思维导图教师和学生问卷调查表。

学科思维导图在高中物理教学中的应用课题研究教师调查表

Q1：您的教龄？

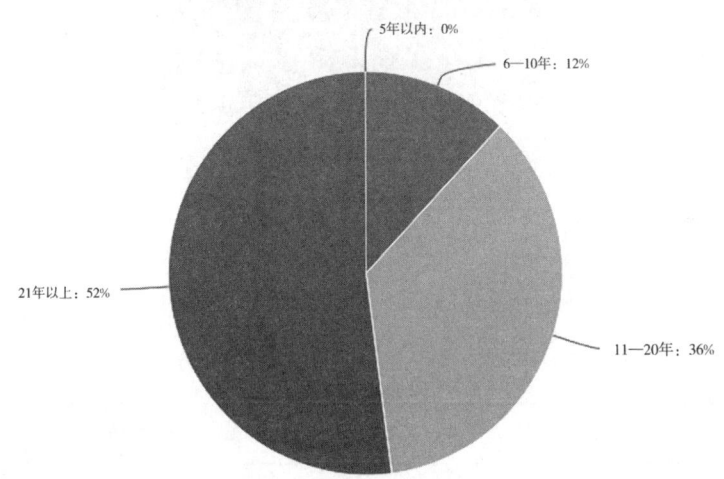

选项	回答情况
5 以内	0
6—10 年	3
11—20 年	9
21 年以上	13

Q2：您的学历？

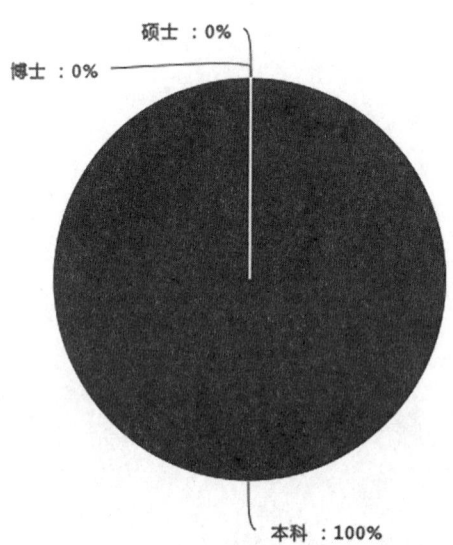

选项	回答情况
本科	25
硕士	0
博士	0

Q3：您是否了解思维导图？

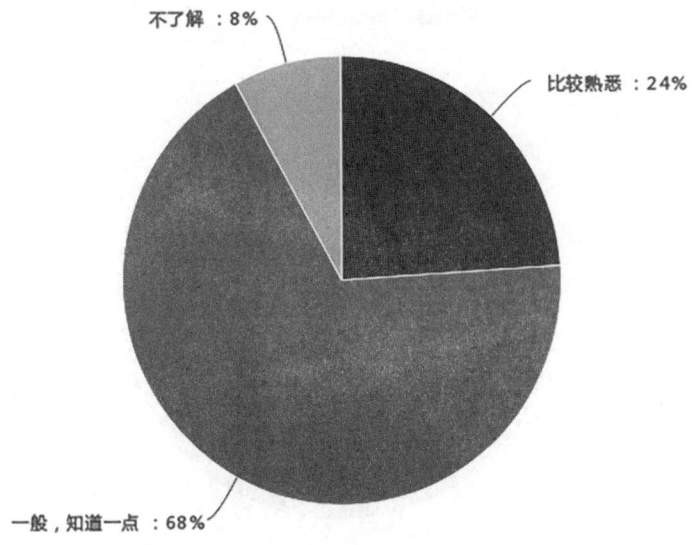

选项	回答情况
比较熟悉	6
一般，知道一点	17
不了解	2

Q4：您对思维导图这一工具是否有兴趣？

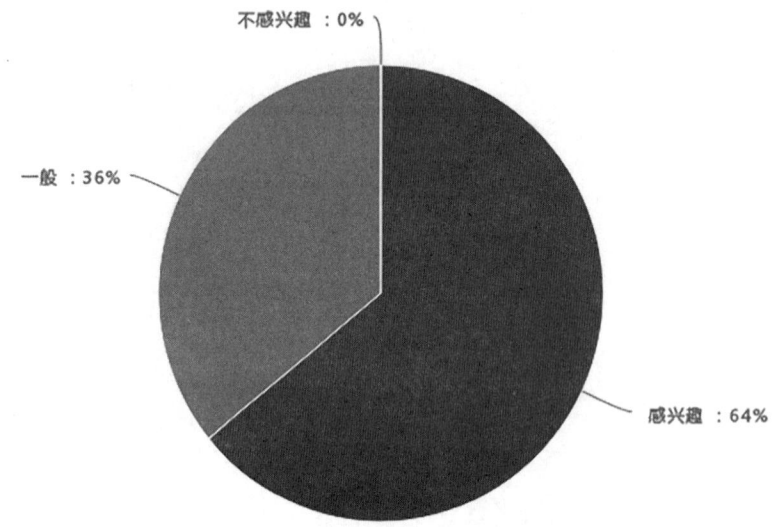

选项	回答情况
感兴趣	16
一般	9
不感兴趣	0

Q5：您什么时候会用到思维导图？（多选）

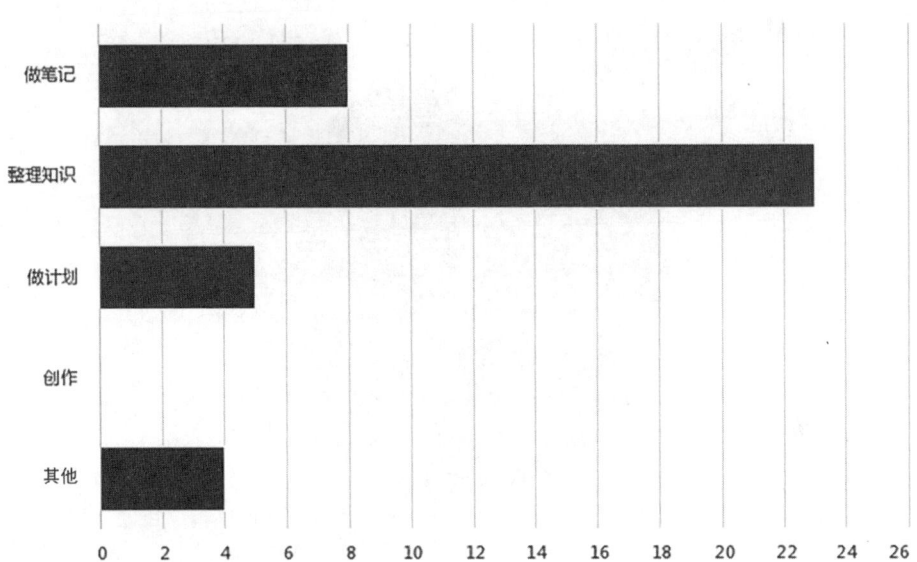

选项	回答情况
做笔记	8
整理知识	23
做计划	5
创作	0
其他	4

Q6：您平时在教学活动中使用思维导图吗？

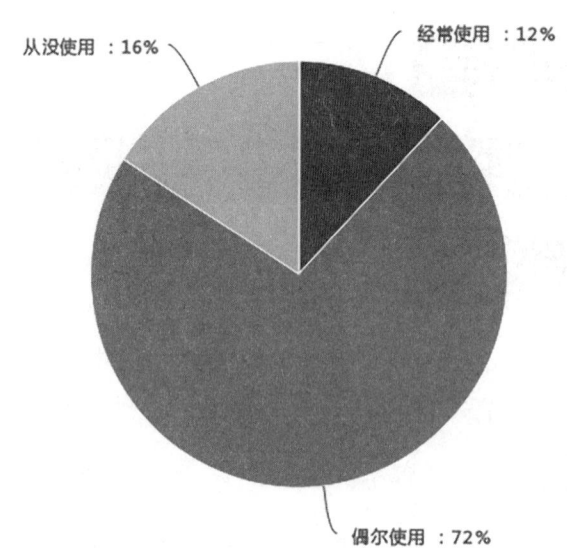

选项	回答情况
经常使用	3
偶尔使用	18
从没使用	4

Q7：您认为思维导图对自己的教学设计或课堂教学是否有帮助？

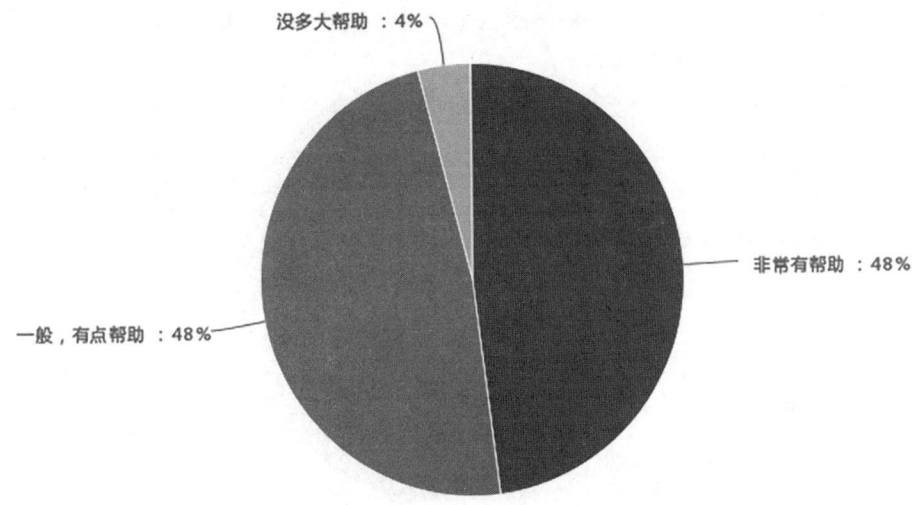

选项	回答情况
非常有帮助	12
一般，有点帮助	12
没多大帮助	1

Q8：您认为思维导图对学生的物理学科学习是否有帮助？

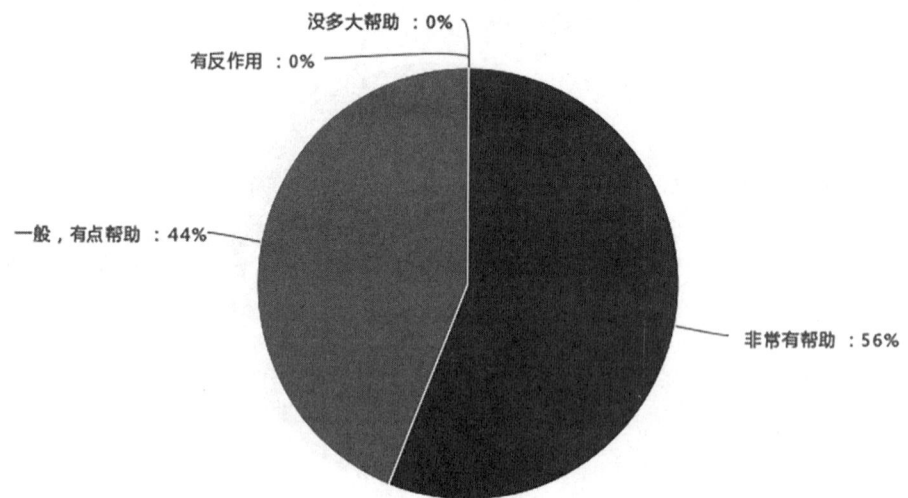

选项	回答情况
非常有帮助	14
一般，有点帮助	11
没多大帮助	0
有反作用	0

Q9：您绘制思维导图的方法是什么？

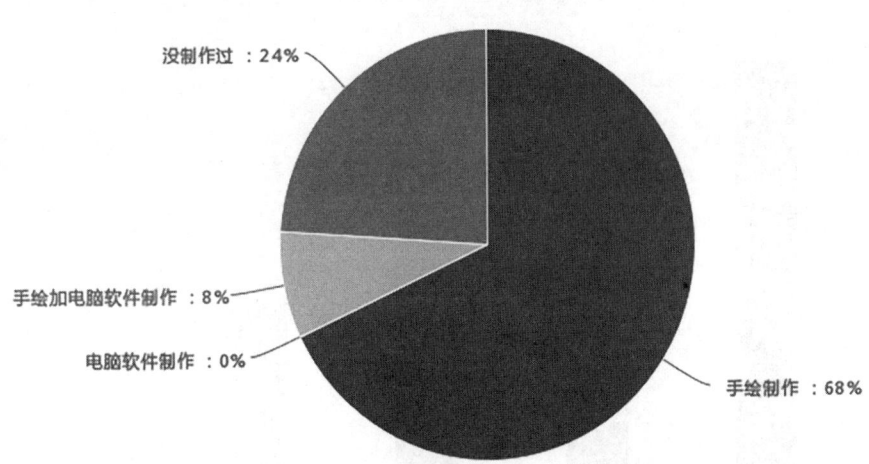

选项	回答情况
手绘制作	17
电脑软件制作	0
手绘加电脑软件制作	2
没制作过	6

Q10：您认为思维导图对您或您的学生有哪些帮助？（多选）

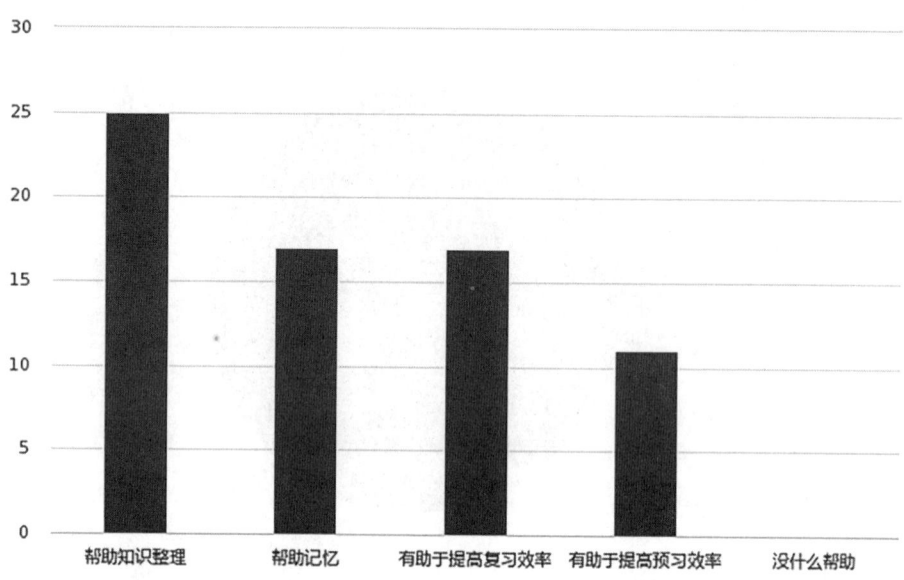

选项	回答情况
帮助知识整理	25
帮助记忆	17
有助于提高复习效率	17
有助于提高预习效率	11
没什么帮助	0

Q11：您认为思维导图对学习的哪些能力的提升有帮助？(多选)

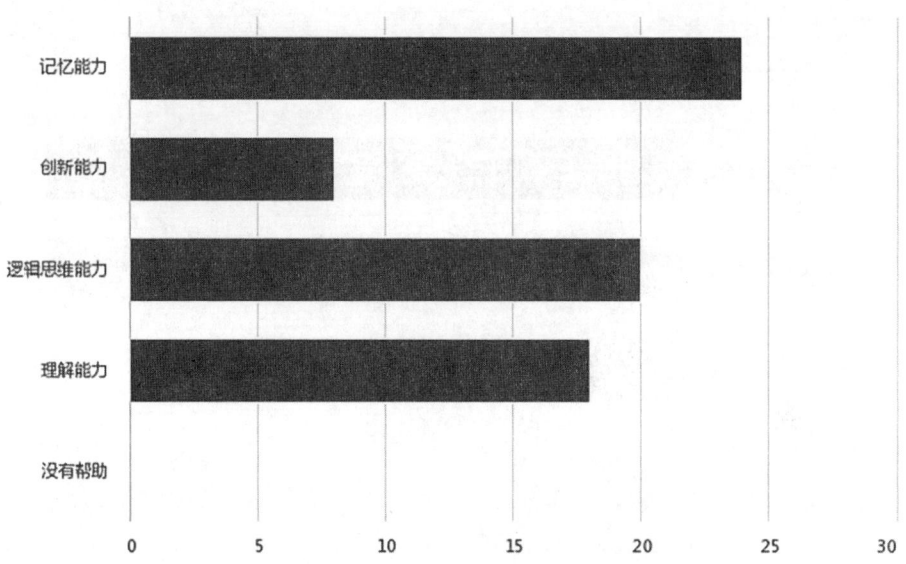

选项	回答情况
记忆能力	24
创新能力	8
逻辑思维能力	20
理解能力	18
没有帮助	0

Q12：您觉得影响思维导图应用的因素有哪些？（多选）

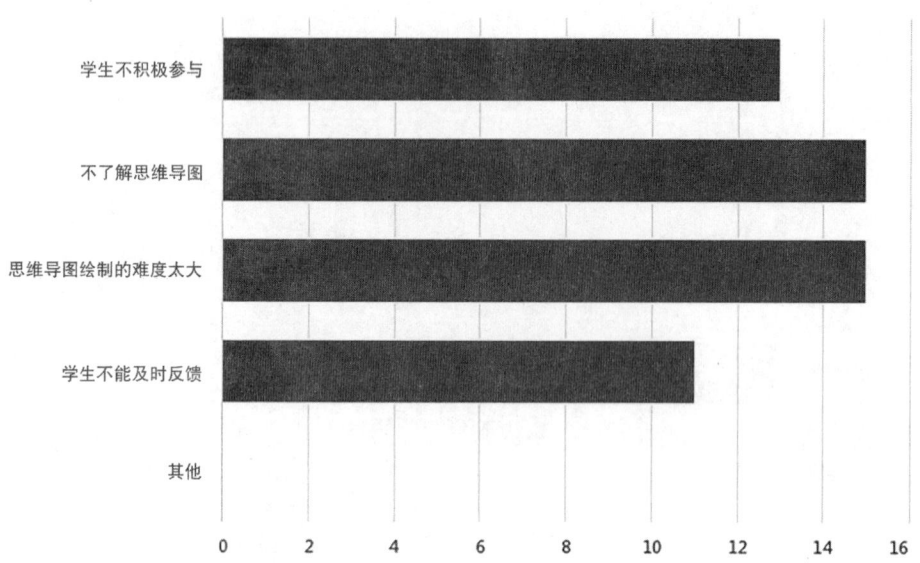

选项	回答情况
学生不积极参与	13
不了解思维导图	15
思维导图绘制的难度太大	15
学生不能及时反馈	11
其他	0

Q13：引入思维导图之后，您的课堂感受怎样？（多选）

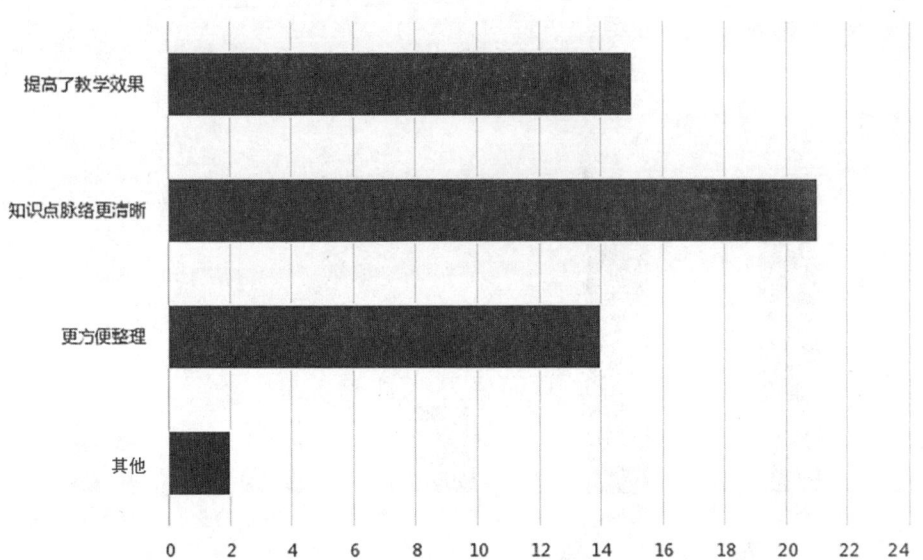

选项	回答情况
提高了教学效果	15
知识点脉络更清晰	21
更方便整理	14
其他	2

学科思维导图在高中物理教学中的运用学生调查问卷

Q1：你学习物理时遇到了什么问题？（多选）

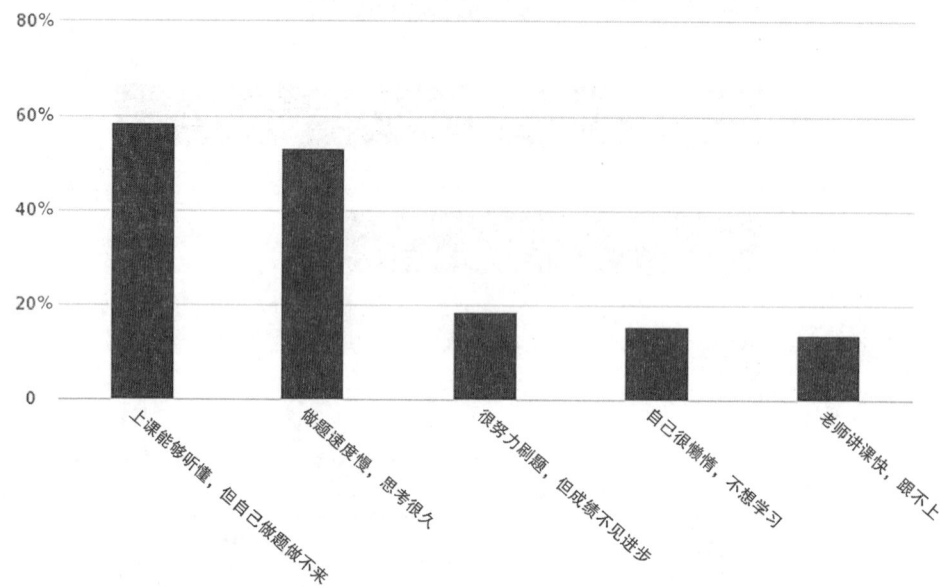

选项	回答复情况
上课能够听懂，但自己做题做不来	205
做题速度慢，思考很久	186
很努力刷题，但成绩不见进步	65
自己很懒惰，不想学习	55
老师讲课快，跟不上	48

Q2：你在物理学习过程中有什么困难？（多选）

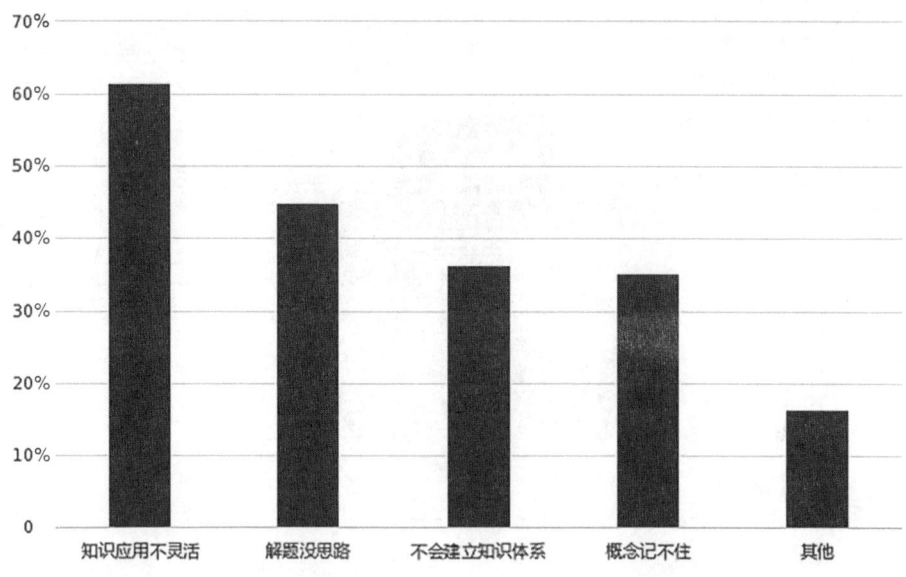

选项	回答情况
知识应用不灵活	215
解题没思路	157
不会建立知识体系	127
概念记不住	123
其他	57

Q3：你学习物理知识的主要方法是什么？

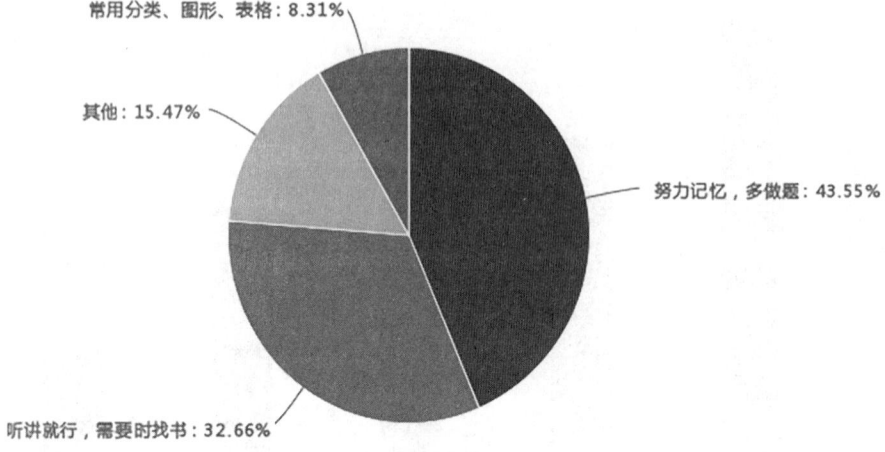

选项	回答情况
努力记忆，多做题	152
听讲就行，需要时找书	114
常用分类、图形、表格	29
其他	54

Q4：你在回答此问卷之前，是否接触过学科思维导图？

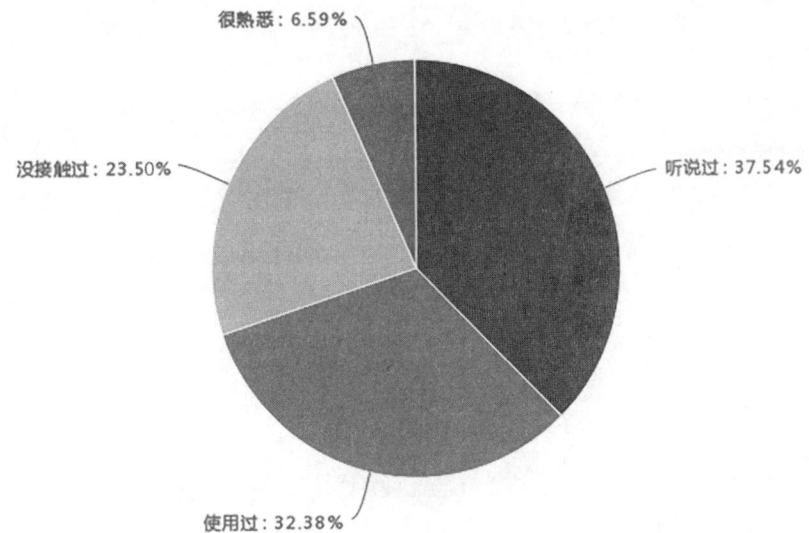

选项	回答情况
没接触过	82
听说过	131
很熟悉	23
使用过	113

Q5：你是怎么知道学科思维导图的？

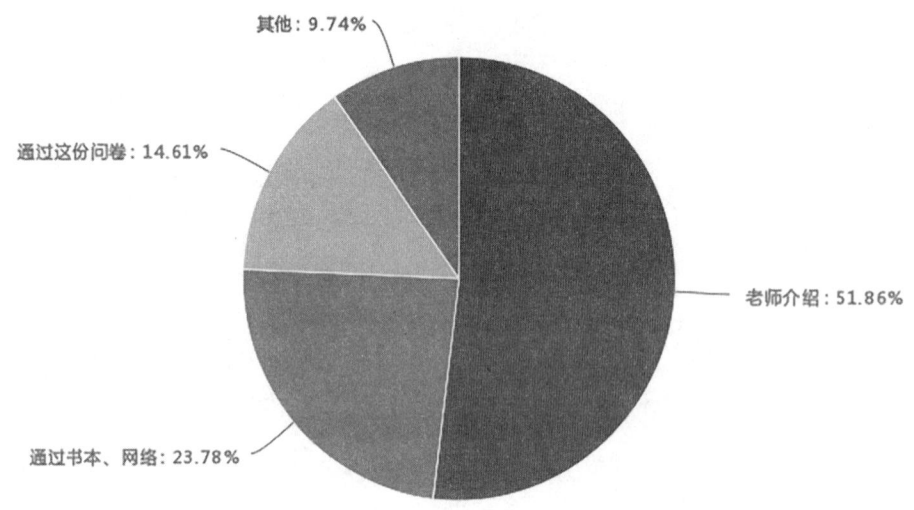

选项	回答情况
通过这份问卷	51
老师介绍	181
通过书本、网络	83
其他	34

Q6：目前你对学科思维导图的掌握情况如何？

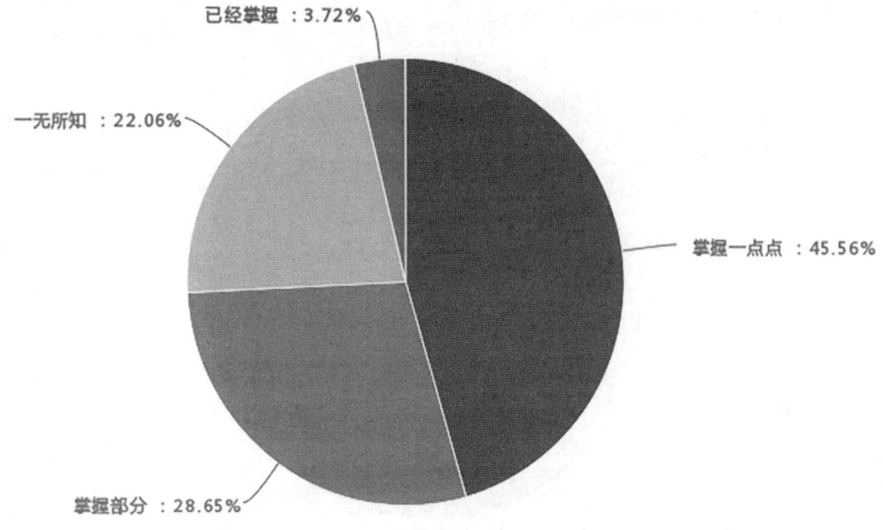

选项	回答情况
已经掌握	13
掌握部分	100
掌握一点点	159
一无所知	77

Q7：你对学科思维导图是否感兴趣？

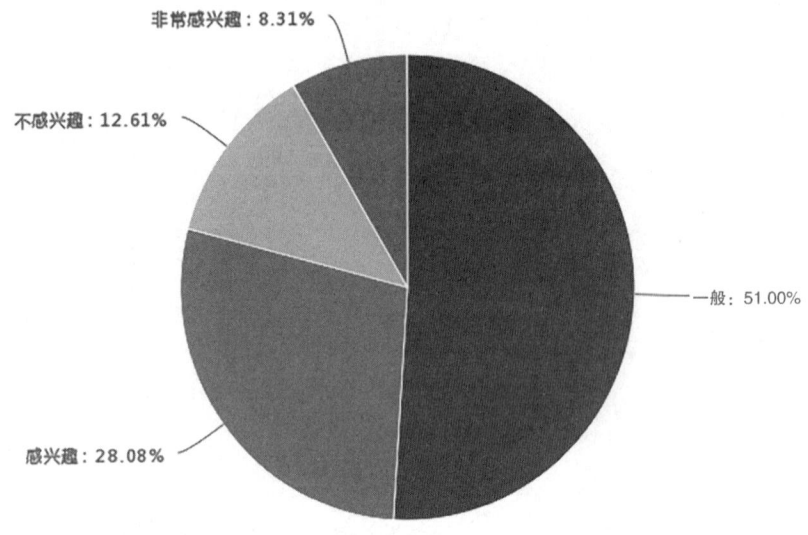

选项	回答情况
非常感兴趣	29
感兴趣	98
一般	178
不感兴趣	44

Q8：你觉得学科思维导图对你的学习有多大帮助？

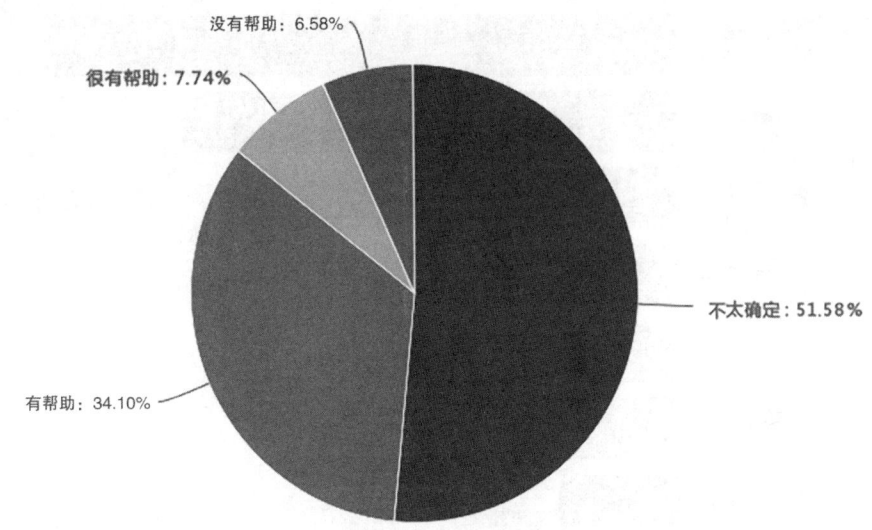

选项	回答情况
很有帮助	27
有帮助	119
不太确定	180
没有帮助	23

Q9：你觉得学科思维导图在哪些方面对你的学习有帮助？（多选）

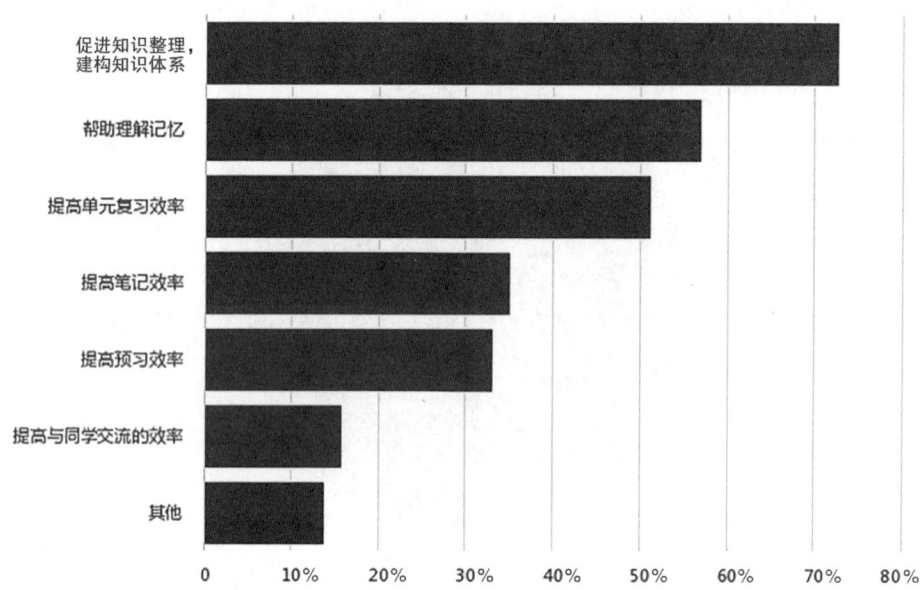

选项	回答情况
促进知识整理，建构知识体系	254
帮助理解记忆	199
提高单元复习效率	179
提高笔记效率	123
提高预习效率	116
提高与同学交流的效率	56
其他	49

Q10：你认为思维导图可以帮助你提高哪些学习能力？（多选）

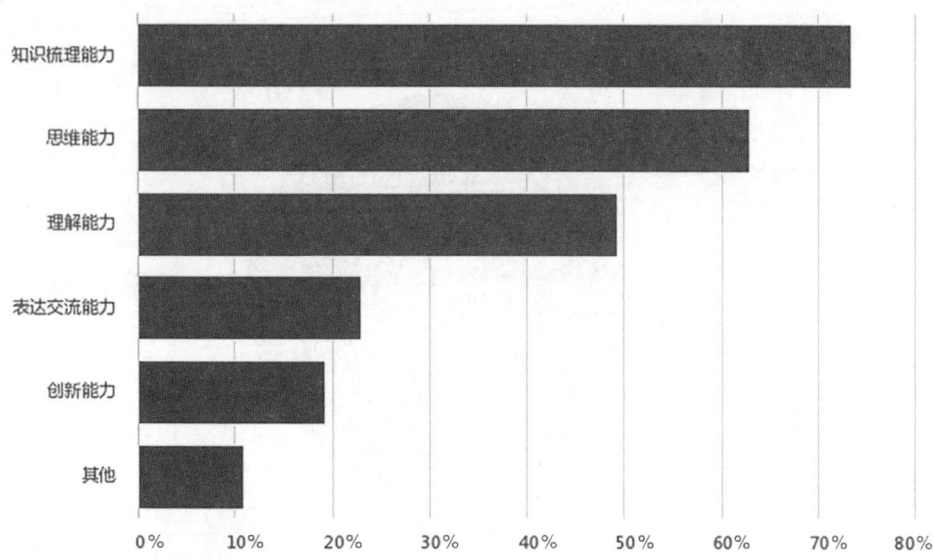

选项	回答情况
知识梳理能力	257
思维能力	220
理解能力	172
表达交流能力	80
创新能力	67
其他	38

Q11：如果老师经常用思维导图上物理课，你认为如何？

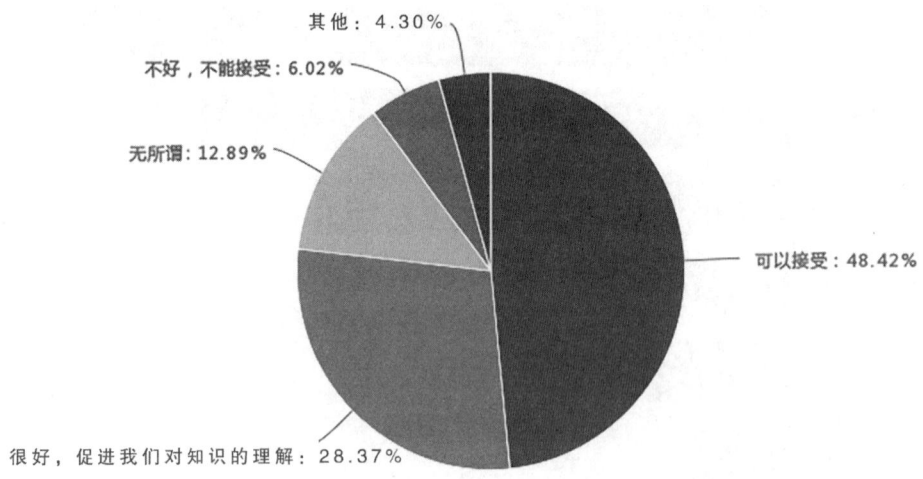

选项	回答情况
很好，促进我们对知识的理解	99
可以接受	169
无所谓	45
不好，不能接受	21
其他	15

Q12：你觉得运用思维导图的物理课堂与传统的课堂相比，对知识的理解、记忆程度有什么变化？

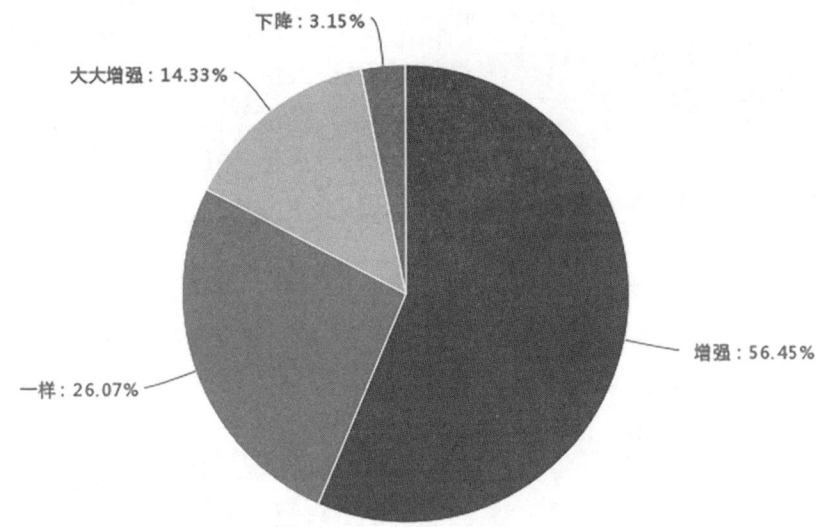

选项	回答情况
大大增强	50
增强	197
一样	91
下降	11

Q13：在物理课堂中，你觉得学科思维导图可以帮助你厘清教材主要内容，构建物理知识体系吗？

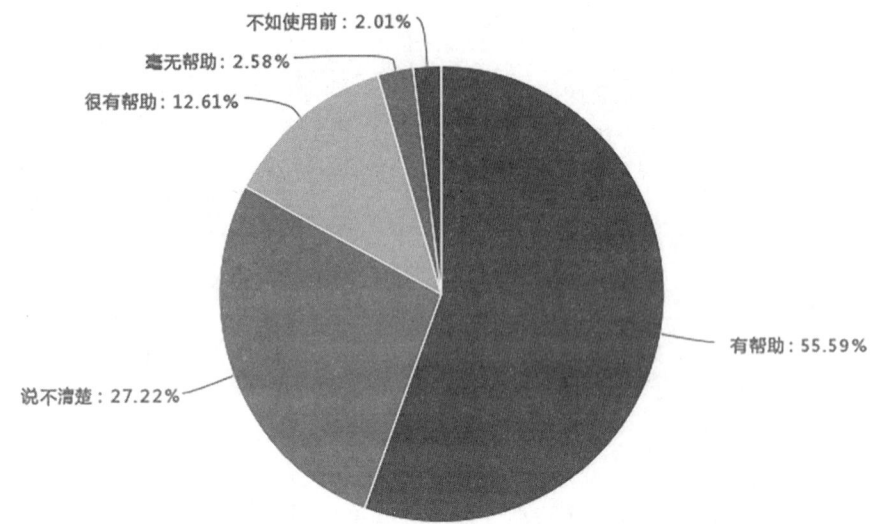

选项	回答情况
很有帮助	44
有帮助	194
毫无帮助	9
说不清楚	95
不如使用前	7

Q14：以下哪些情况你会将学科思维导图用于物理学习中？（多选）

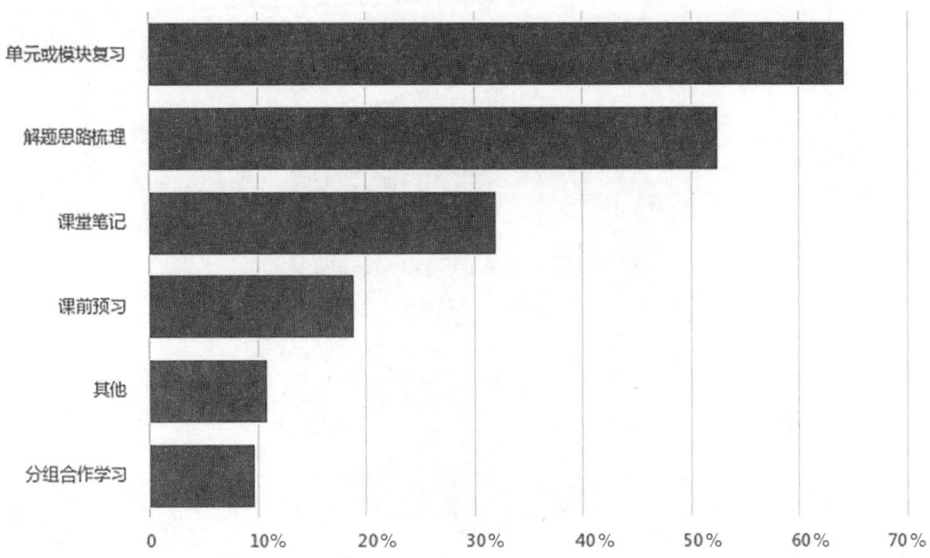

选项	回答情况
单元或模块复习	224
解题思路梳理	183
课堂笔记	112
课前预习	66
其他	38
分组合作学习	34

Q15：你每单元会使用学科思维导图几次？

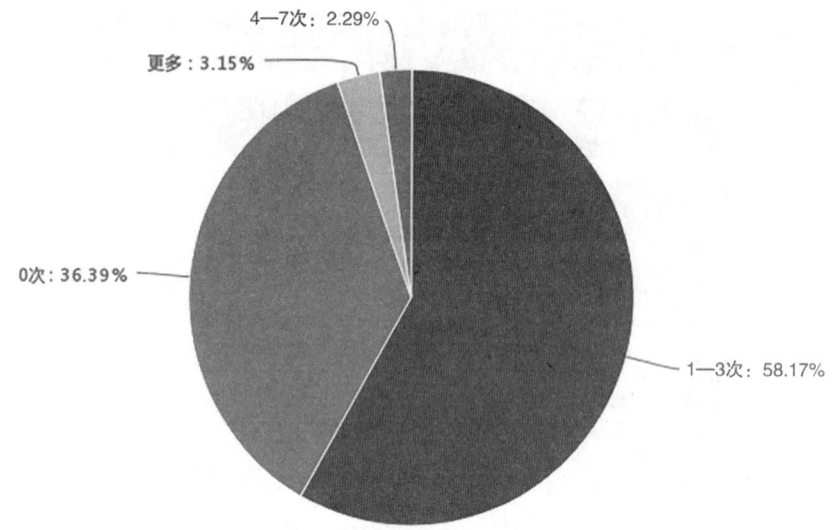

选项	回答情况
0次	127
1—3次	203
4—7次	8
更多	11

Q16：你会在今后的物理学习中继续应用学科思维导图吗？

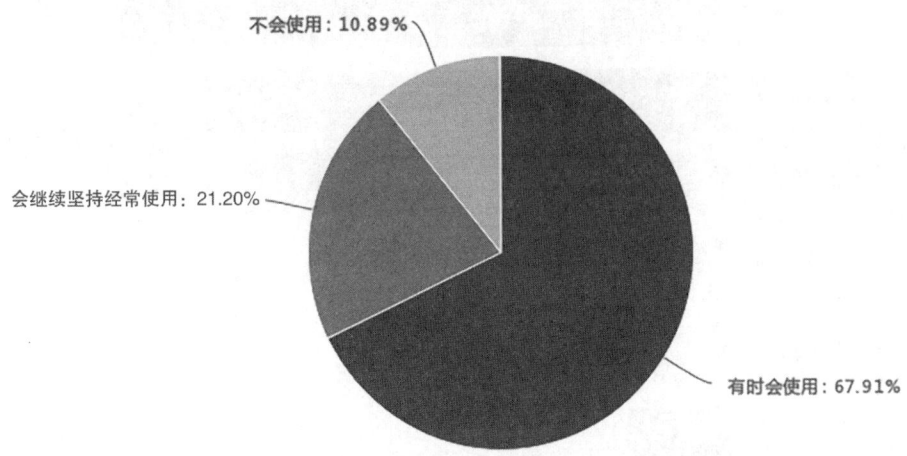

选项	回答情况
会继续坚持经常使用	74
有时会使用	237
不会使用	38

Q17：你认为哪些因素可能妨碍了学科思维导图的应用？（多选）

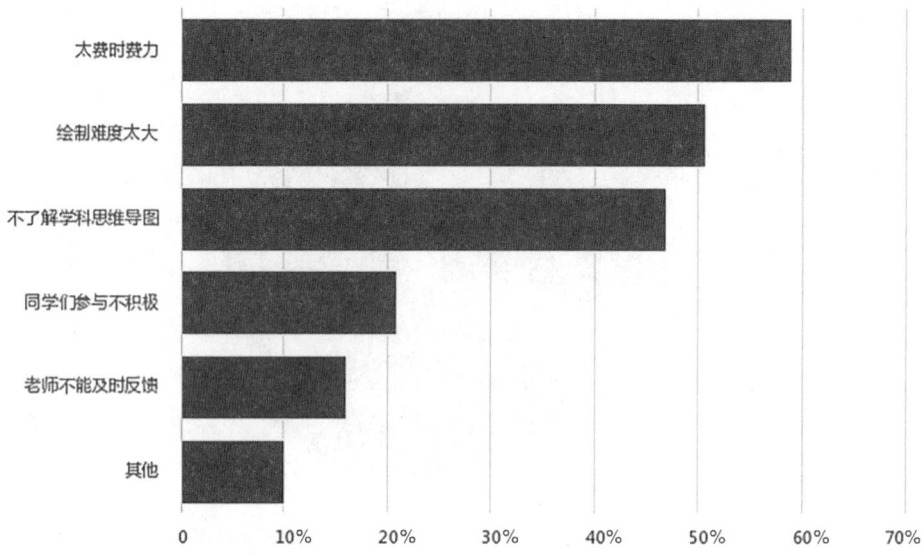

选项	回答情况
太费时费力	206
绘制难度太大	177
不了解学科思维导图	164
同学们参与不积极	73
老师不能及时反馈	56
其他	35

Q18：使用学科思维导图时你遇到了哪些困难？（多选）

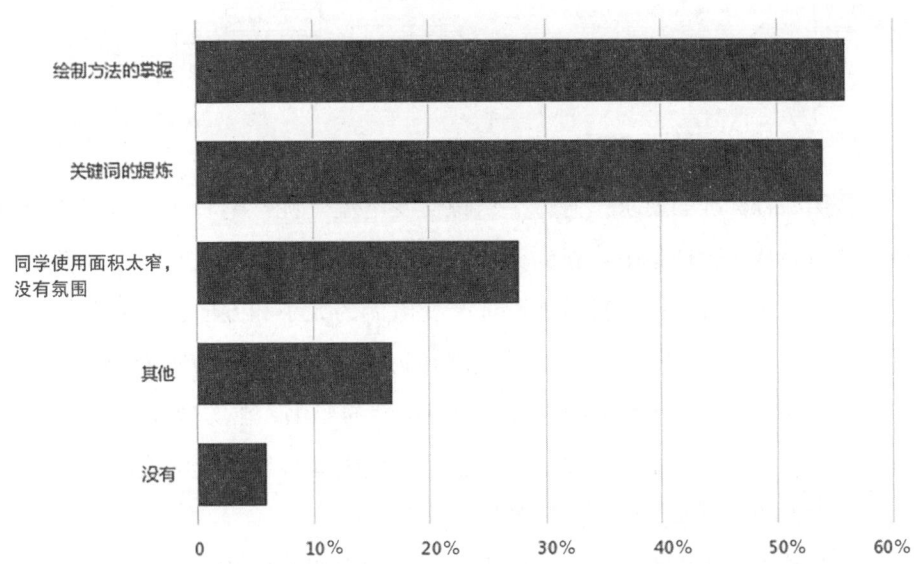

选项	回答情况
绘制方法的掌握	196
关键词的提炼	189
同学使用面积太窄，没有氛围	97
没有	21
其他	59

第二节　高中物理学科逻辑思维导图的应用

下面以交变电流为例说明高中物理学科逻辑思维导图的应用。课程标准的要求是通过实验，认识交变电流。能用公式和图像描述正弦交变电流（图4.2.1）。

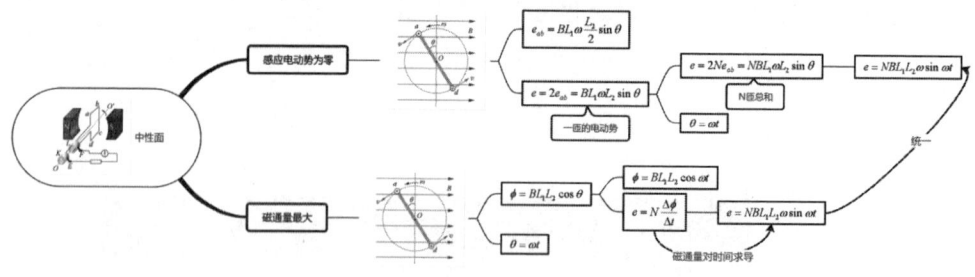

图 4.2.1

按照课程标准的要求,何为"认识交变电流"呢?笔者认为认识交变电流应该包括从实验现象中观察到交变电流的大小和方向会随时间做周期性的变化,以及通过科学推理科学地论证交变电流的大小和方向会随时间做周期性的变化。鉴于此,本节应该通过线圈在匀强磁场中转动的实验,让学生观察到电流的方向和大小都会随着时间做周期性的变化。在实验观察的基础上,再从电磁感应定律和楞次定律的角度,对感应电动势和感应电流的大小和方向做周期性的变化作出理论推导和解释。

关于感应电动势和感应电流的大小随时间做周期性的变化,教师可以引导学生从导体切割磁感线的角度以及磁通量变化的角度来分析这个问题,最后达到统一的结果。让学生进一步地感受到物理科学的统一和谐美,增强学习物理的兴趣及情感。

从学业水平等级的角度来看,这是一个四级水平的问题。要求学生经过学习,能将实际问题中的对象和过程转换成所学的导体运动速度非垂直切割磁感线,产生感应电动势的物理模型,并且能应用电磁感应定律和楞次定律的知识对这个实际的综合性物理问题进行分析和推理获得结论并作出解释。

这时我们首先应该创设情境,引导学生唤醒他们头脑中关于非垂直切割磁感线产生感应电动势大小的知识和经验。

问：如图 4.2.2 所示中，长度为 l 的导体棒切割磁感线产生的感应电动势多大？

答：$E = Blv\sin\theta$。

问：如图 4.2.3 所示的矩形线圈中，ab 边和 cd 边此时产生的感应电动势多大？

答：ab 边和 cd 边的速度方向与磁感线平行，感应电动势为零。

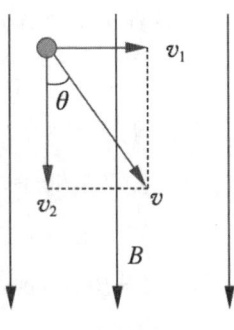

图 4.2.2

问：ad 边和 bc 边有切割磁感线吗？

答：没有。

问：线圈经过时间 t 转过的角度多大？

答：$\theta = \omega t$。

问：此时 ab 边切割磁感线产生的感应电动势多大？

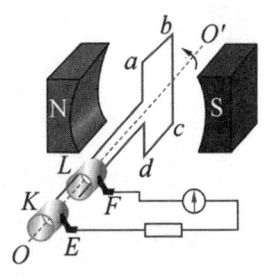

答：$e_{ab} = BL_1\omega \dfrac{L_2}{2}\sin\theta$。

图 4.2.3

问：此时一匝线圈产生的感应电动势多大？

答：$e = 2e_{ab} = BL_1L_2\sin\theta$。

问：若线圈的总匝数为 N，此时感应电动势多大？

答：$e = 2Ne_{ab} = NBL_1\omega L_2\sin\theta$。

问：感应电动势与时间的关系如何？

答：$e = NBL_1L_2\omega\sin\omega t$。

问：感应电动势与时间的关系是什么函数？

答：正弦函数。

设计意图：通过问题串的设计，随着学生把一个个有梯度有逻辑的小问题逐步解决，学生就沿着教师设计的学习路线，遵循认知规律和知识建构的顺序，用头脑中已有的知识经验和逻辑推理，达到了课程标准要求的认识交变电流的学习目标。

在达到了这个共同目标之后，还可以设计完成发展性目标。

问：线圈经过时间 t 时的磁通量？

答：$\varphi=BL_1L_2\cos\theta$。

问：磁通量与时间的关系式是什么？

答：$\varphi=BL_1L_2\cos\omega t$。

问：由法拉第电磁感应定律 $e=N\dfrac{\Delta\varphi}{\Delta t}$ 可知，磁通量对时间求导的导数的物理意义是什么？

答：感应电动势。

问：求出磁通量对时间的导数。

答：$\varphi=NBL_1L_2\omega\sin\omega t$。

问：同学们看到了什么？

答：用求导的方法得到的感应电动势与用切割磁感线的方法得到的感应电动势完全一样。

问：同学们感受到了什么？

答：一个字：美；两个字：很美；三个字：非常美。

设计意图：通过用两种方法推理得出感应电动势统一的表达式的过程，让学生收获了学习的获得感与成就感，感受到了自然科学物理学的简单、统一、和谐的美。培养了学生学习物理学科的情感，激发了学生继续学习的兴趣和动机，润物细无声地达成了科学本质、科学态度维度的学科核心素养目标。

如图 4.2.4 所示，一边长为 0.2m 的矩形线圈共有 100 匝，在磁感强度为 1T 的匀强磁场中以 10rad/s 的角速度绕垂直于磁场的轴 OO' 匀速转动。线圈总电阻 $r=1\Omega$，外接电路电阻 $R=9\Omega$，求：

（1）线圈转动过程中，穿过线圈的最大磁通量和最大感应电动势。

（2）从图中所示位置开始计时，写出感应电动势和磁通量的瞬时值表达式。

(3) 线圈每旋转 1 周，外力所做的功。

(4) 从图中所示位置开始线圈转过 60°过程中通过电阻 R 的电荷量。

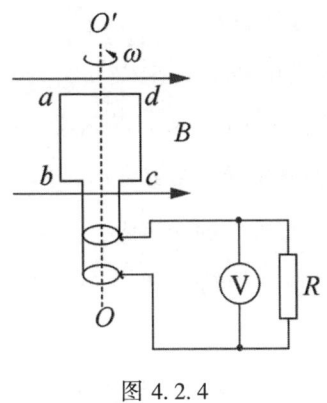

图 4.2.4

评价设计意图：

(1) 初步了解交流电的变化规律，能将实际问题与规律联系对应起来。这属于物理观念的应用的一级水平。

(2) 能在熟悉的问题情境中运用所学的交流电模型。这属于科学思维模型建构的二级水平。

(3) 能在熟悉的问题情境中运用所学的交流电模型，结合能量转化与守恒的观点来解决简单的物理问题。这属于科学思维的模型建构与科学推理的三级水平。

(4) 能将实际问题中的线圈匀速转动的过程转换成所学的平均感应电动势求解的物理模型，同时需要一定的分析和推理能力。这属于科学思维的模型建构与科学推理的四级水平。

这时再鼓励学生顺藤摸瓜，顺着交流电的感应电动势与磁通量这两条线索，发挥思维导图的优势联想更多有关的问题，把与交流电有关的知识问题化。

(1) 从图示位置开始计时，写出磁通量的瞬时值表达式。

(2) 从图示位置开始计时，写出感应电动势的瞬时值表达式。

(3) 磁通量的最大值是多大？

(4) 感应电动势的最大值是多大？

（5）从图示位置开始转过 30°位置的磁通量的大小。

（6）从图示位置开始转过 30°位置的感应电动势的大小。

（7）图中电压表的示数是多大？

（8）图中外接电阻 R 的电功率是多大？

（9）从图示位置开始转过 30°位置时的磁通量的变化率。

（10）闭合电路每秒钟产生的热量多大？

（11）推动线圈的外力每秒做的功多大？

（12）从图示位置开始计时转过 30°的过程中，流过电阻 R 的电荷量是多少？

这样学生经历了从特殊到一般的归纳推理得出交流规律的过程，再经历由一般到特殊的应用规律解决问题的过程，就能建构起一个层次分明、逻辑清晰、结构合理、需要应用时提取快捷的有机知识体系（图 4.2.5）。

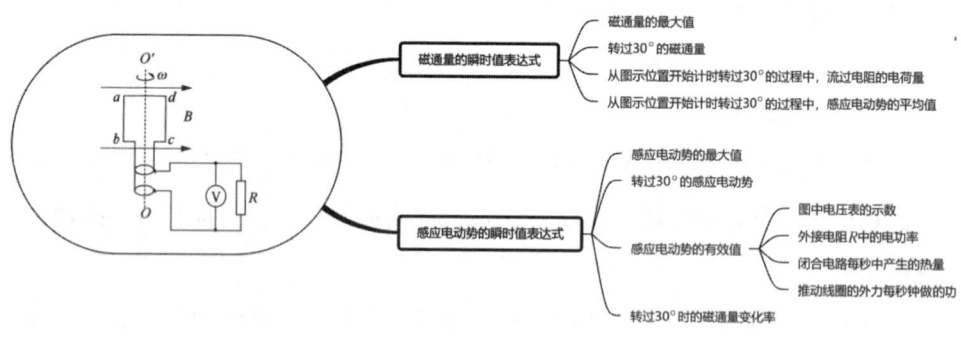

图 4.2.5

第三节　高中物理学科概念思维导图的应用

应用学科概念思维导图辅助梳理概括物理学科核心概念，建构由核心概念统领下的知识结构体系。学生深刻理解、准确把握各概念之间的关系，进一步在头脑中建构起有序有机的概念结构图，这样才能进一步形成高中物理学科的知识体系。例如对于力这个核心概念的学习，可以从两个方面对它进行归纳和梳理。

首先从高中物理对力的概念的学习进阶顺序进行归纳，高中物理中是沿着如下的概念进阶过程来进行学习的。

（1）经过初中物理的学习，我们知道力是一个物体对另一个物体的作用。

（2）学习了牛顿第三定律后，我们知道力是物体间的相互作用，有作用力，必定存在反作用力。

（3）学习了牛顿第一定律后，我们知道力是改变物体运动状态的原因，一个物体如果不受力的作用，它必定做匀速直线运动或者是静止状态，保持原来的运动状态不发生改变。

（4）学习了牛顿第二定律后，我们知道力是使物体产生加速度的原因，即力是改变物体运动速度大小、方向的原因。与速度方向共线的力改变物体运动速度的大小，与速度方向垂直的力改变物体运动速度的方向。

（5）学习了动量定理之后，我们知道力是物体动量发生变化的原因，力在时间上的积累叫作冲量，冲量是物体动量变化的量度。

（6）经过动量定理的学习，我们知道力还可以理解为物体动量的时间变化率。也就是说，力就是物体单位时间内的动量变化量，即力的大小等于单位时间内动量变化量的大小，力的方向与动量变化量的方向相同。

（7）学习了动能定理之后，我们知道力是物体动能发生变化的原因，力在空间上的积累叫作功，功是物体动能变化的量度。

（8）经过动能定理的学习，我们知道力还可以理解为物体动能的空间变化率。也就是说，力的大小等于物体在单位位移内的动能变化量。

通过这样梳理，归纳总结了从初中到高中物理学习中与力的概念相关的物理知识的学习过程，学生就能够在头脑中建构起在力这个核心概念的学习进阶过程，进一步画出如图4.3.1所示的力的核心概念的思维导图。

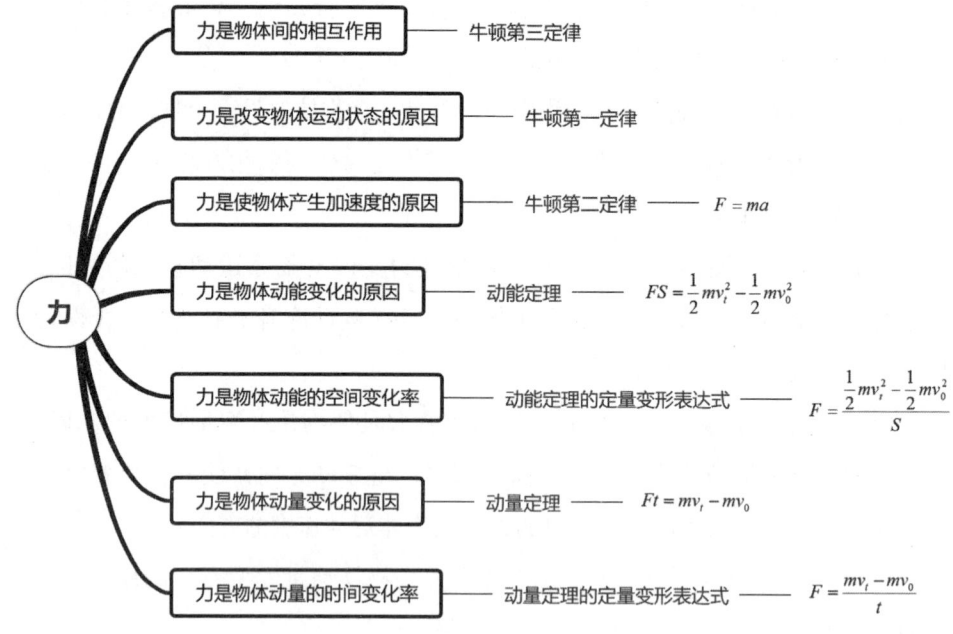

图 4.3.1

在这个学科概念思维导图的基础上,我们再引导学生去思考牛顿第二定律与动能定理和动量定理之间的内在联系。第一,牛顿第二定律结合匀变速直线运动位移公式和功的定义式可以推导出动能定理的表达式。这体现了力在空间上的累积效果和物体动能变化量之间的必然联系。第二,牛顿第二定律结合匀变速直线运动加速度公式和冲量的定义式可以推导出动量定理的表达式。这体现了力在时间上的累积效果和物体动量变化量之间的必然联系。这样我们能够画出力的空间作用效果、力的时间作用效果和力的瞬时作用效果的思维导图,得到与力的核心概念相关的知识结构图,如图 4.3.2 所示。在得到这两个思维导图的基础上,再把它们整合成如图 4.3.3 所示的与力核心概念相关的知识结构图和概念进阶图整合形成一个完整的关于力核心概念的知识结构体系。

力
力的空间作用效果
功能关系
$FS=\frac{1}{2}mv_t^2-\frac{1}{2}mv_0^2$
消元加速度 a
力的瞬时作用效果
牛顿第二定律
$F=ma$
$S=\frac{v_t^2-v_0^2}{2a}$
结合牛顿定律进行理论推导
$a=\frac{v_t-v_0}{t}$
结合牛顿定律进行理论推导
消元加速度 a
力的时间作用效果
动量定理
$Ft=mv_t-mv_0$

图 4.3.2

力
力的知识结构
力的空间作用效果
功能关系
$FS=\frac{1}{2}mv_t^2-\frac{1}{2}mv_0^2$
消元加速度 a
力的瞬时作用效果
牛顿第二定律
$F=ma$
$S=\frac{v_t^2-v_0^2}{2a}$
结合牛顿定律进行理论推导
$a=\frac{v_t-v_0}{t}$
结合牛顿定律进行理论推导
消元加速度 a
力的时间作用效果
动量定理
$Ft=mv_t-mv_0$
力的概念进阶
力是物体间的相互作用
牛顿第三定律
力是改变物体运动状态的原因
牛顿第一定律
力是使物体产生加速度的原因
牛顿第二定律
$F=ma$
力是物体动能变化的原因
动能定理
$FS=\frac{1}{2}mv_t^2-\frac{1}{2}mv_0^2$
力是物体动能的空间变化率
动能定理的定量变形表达式
$F=\frac{\frac{1}{2}mv_t^2-\frac{1}{2}mv_0^2}{S}$
力是物体动量变化的原因
动量定理
$Ft=mv_t-mv_0$
力是物体动量的时间变化率
动量定理的定量变形表达式
$F=\frac{mv_t-mv_0}{t}$

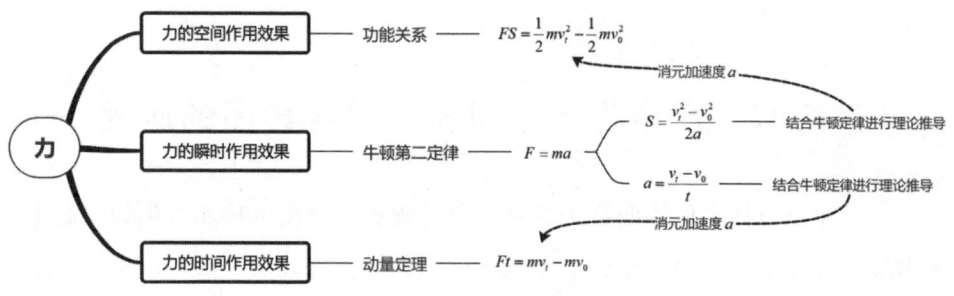

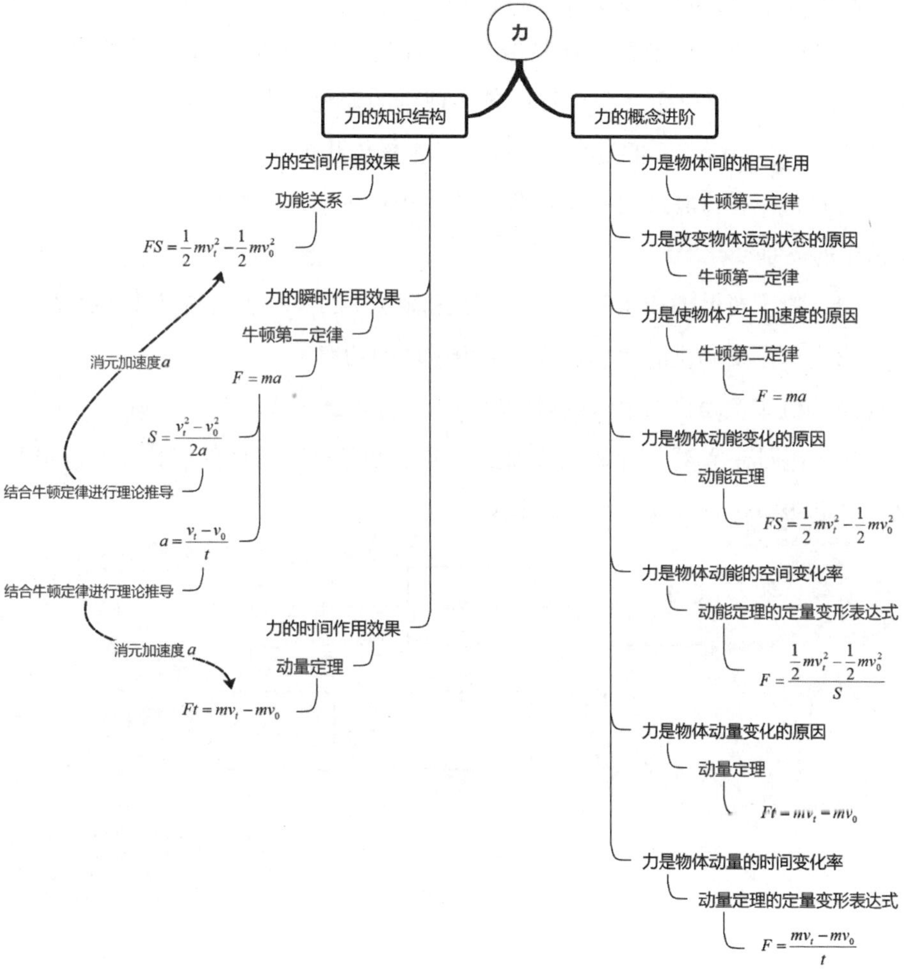

图 4.3.3

第四节　高中物理学科流程思维导图的应用

下面结合具体实例说明高中物理学科流程思维导图的应用。例如在高中物理功率概念的学习过程中，对于机车启动的两种方式的理解，由于启动过程涉及速度、加速度、额定功率、瞬时功率、牵引力、阻力等多个物理量及其变化，这给学生分析机车启动过程造成了较大的困难。这时教师可以引导学生画出机车启动的受力分析图和启动过程的流程学科思维导图，从而来可视化地呈现启动过程中各物理量的变化情况，为学生的认知过程搭建支架，帮助学生准确理解机车启动过程中各物理量的变化情况以及机车最后达到的运动状态。在画流程图的过程中，要给学生提出几个问题：

（1）机车在行驶过程中受哪些力的作用？机车所受的重力支持力和阻力是恒定的还是变化的？

（2）机车要做加速运动，牵引力 F 和阻力 f 的大小必须满足什么关系？

（3）机车发动机的功率是哪一个力做功的功率？

（4）机车发动机功率恒定时，牵引力与速度的大小是什么关系？

学生在回答这 4 个问题的基础上，再去思考机车启动的工作流程，画出机车恒定功率启动的流程图，如图 4.4.1 所示。

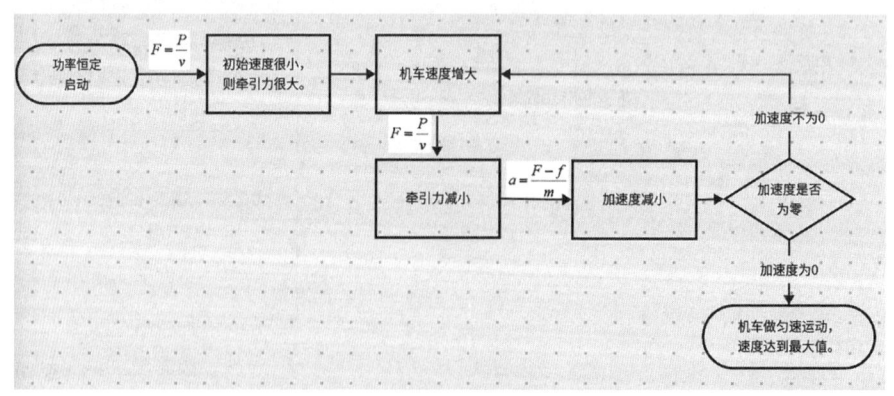

图 4.4.1

（1）机车牵引力恒定时，发动机功率与速度的大小是什么关系？

(2) 机车实际功率与额定功率是什么关系？

学生在回答这两个问题的基础上，再去思考机车启动的工作流程，画出机车恒定加速度启动的流程图，如图4.4.2所示。

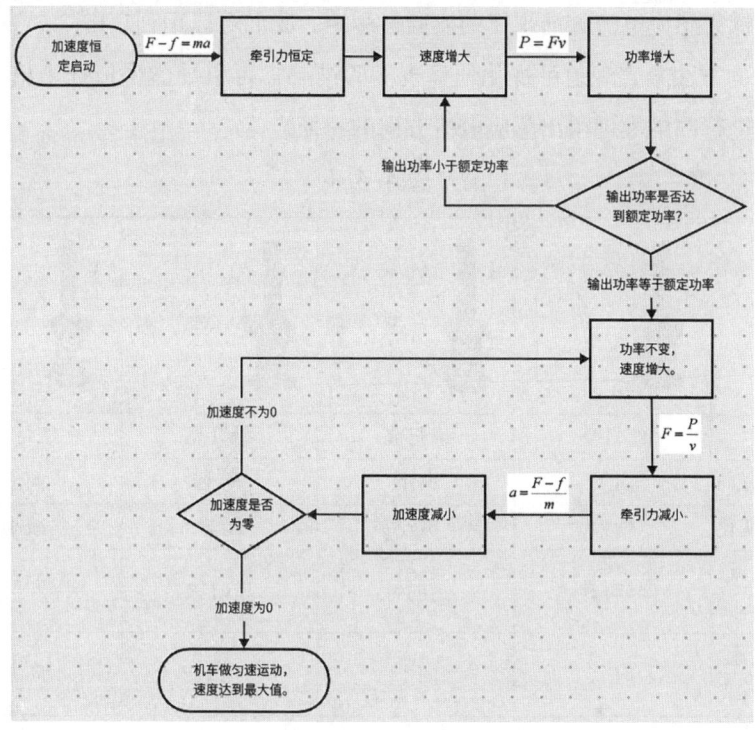

图 4.4.2

教学实践表明，学生通过综合应用功率表达式和牛顿第二定律分析机车启动的受力变化以及运动变化的过程，应用工作流程图把机车启动的过程可视化地表达出来，一方面可以很好地促使学生反思自己的科学思维过程，审视自己作出的每一步推理是否有足够可靠的依据，从而提高科学推理能力，同时还能提高学生的元认知能力，从认知策略的层面提高学生的科学思维能力。另一方面，在做工作流程图的过程中，某位同学头脑中是如何进行科学推理的，教师或者其他同学只要看他的工作流程图就一目了然。这给高中物理课堂中教师与学生、学生与学生之间的交流与互动提供了直观可视化的媒介，大大提高了高中物理课堂师生互动、生生互动的效率。因此，笔者认为工作流程图的可视化表达方式是提高高中物理有效教学的可靠抓手。

再比如鲁科版选择性必修第二册第 2 章《电磁感应及其应用》的第 1 节内容是科学探究感应电流的方向。通过探究可以得到判断感应电流方向的楞次定律。

在探究感应电流方向规律的实验过程中，我们可以用列表格（如表 4.4.1 所示）的方法来直观地可视化地呈现实验结果，再引导学生依据表格中的实验结果进行归纳推理得出感应电流方向的特征。

表 4.4.1

现象	红灯亮	绿灯亮	绿灯亮	红灯亮
原磁场方向	向下	向下	向上	向上
磁通量变化	增大	减小	增大	减小
感应电流方向	顺时针	逆时针	逆时针	顺时针
感应电流磁场方向	向上	向下	向下	向上
感应电流方向与感应电流磁场方向关系				

师：首先我们来寻找磁通量变化与感应电流方向之间的关系。通过观察表格，我们发现磁通量增大时，感应电流的方向有顺时针和逆时针两种情况，磁通量减小时，同样存在顺时针方向的感应电流和逆时针方向的感应电流两种情况。因此，磁通量的增减与感应电流是顺时针还是逆时针方向，没有必然的联系。那请问磁通量的增减与感应电流的磁场方向有必然的联系吗？

生：磁通量增加时，感应电流的磁场方向有向下和向上两种情况。磁通量减小时，感应电流的磁场方向同样也有向上和向下两种情况。根据右手螺旋定则，感应电流的方向决定了感应电流的磁场方向。既然感应电流的方向与磁通量的增减没有必然的联系，那么感应电流的磁场方向与磁通量的增减，也就没有必然的联系。

师：说得很对。让我们尝试用归纳推理的共变法再加入一个变化因素，这个变化因素就是原磁场的方向。

师：观察第一列和第三列数据，能归纳出它们有什么共同点吗？

生：观察第一列和第三列数据，发现在磁通量增大时，感应电流的磁场方向可以向上，也可以向下。

生：原磁场的方向向下时，感应电流的磁场方向向上；原磁场的方向向上时，感应电流的磁场方向向下。

生：有了，感应电流的磁场方向都和原磁场的方向相反。

师：观察第二列和第四列数据可以得出：在磁通量减小时，感应电流的磁场方向可以向下，也可以向上，它们有什么共同之处吗？

生：有的，感应电流的磁场方向都和原磁场的方向相同。

师：同学们再把磁通量的变化情况因素纳入进来进行归纳会得出什么结论呢？

生：有结论了，就是感应电流增加时两磁场方向相反，感应电流减小时两磁场方向相同。

设计意图：让学生在观察与实验的基础上，经过科学地归纳推理得出科学规律。归纳推理过程当中，学生发现用求同归纳法不能得出结果，而用共变归纳法才能得出最后的结果。经过这样的一个归纳过程得出来的规律，学生在应用规律解决问题进行演绎推理时，就会非常清晰地理解其中的逻辑关系。

师：同学们归纳出来的规律是分成磁通量增大和磁通量减小两类情况进行描述的。物理学是一门高度概括的自然科学，同学们能不能把这两类情况统一起来描述呢？

生：磁通量增大时，感应电流的磁场方向与原磁场方向相反，感应电流的磁场磁通量会抵消部分磁通量的增大量，延缓磁通量的增大。磁通量减小时，感应电流的磁场方向与原磁场方向相同，感应电流的磁场磁通量会补充部分磁通量的减小量，延缓磁通量的减小。

生：这样就把原来分成两类的描述统一成一种表达了。也就是不管磁通量是增大还是减小，感应电流的磁场都是延缓磁通量增大或者减小的，概括起来就是延缓磁通量的变化。

生：我终于理解楞次定律的"阻碍引起感应电流的磁通量的变化"了。

多年的高中物理教学中，笔者看到楞次定律的内容的句式确实比较复杂，非常不利于学生理解。"感应电流的磁场总要阻碍引起感应电流的磁通量的变化"这句话的定语特别多。分析句子结构可知这句话的主语是"感应电流的磁场"，谓语是"阻碍"，宾语是"磁通量的变化"，对磁通量的变化还有一个定语就是"引起感应电流的"。在高中物理教学内容中，用这样一个复杂的从句来表达一个物理规律，楞次定律是独一无二特有的存在。给学生理解定律的内容，造成了很大的困难和障碍。基于思维可视化的理论，我们可以把楞次定律用概念关系图画出来，呈现各物理量之间的关系，帮助学生厘清各物理概念之间的逻辑关系，促进学生更加深刻地理解楞次定律的内涵。概念关系图如图4.4.3所示。

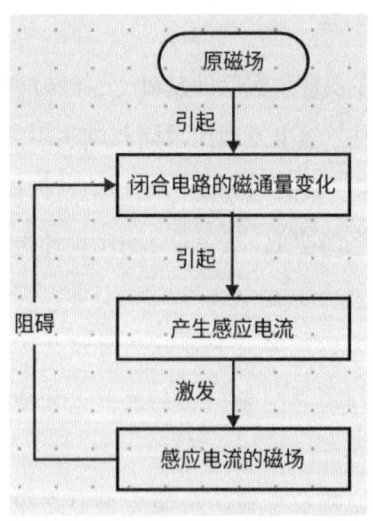

图4.4.3

呈现这个概念关系图之后，教师可以提出以下几个问题，进一步帮助学生厘清其中的逻辑关系。

问：谁阻碍谁？
答：感应电流的磁场阻碍闭合电路的磁通量的变化。
问：阻碍什么？
答：阻碍磁通量的变化，而不是阻碍磁通量本身。
问：如何阻碍？
答：磁通量增大时，感应电流的磁场方向与原磁场方向相反；磁通量减小时，感应电流的磁场方向与原磁场方向相同。
问：阻碍磁通量的变化是不是阻止了磁通量的变化？
答：不是，磁通量还是在变化，只是减缓了磁通量的变化。

从认知心理学的信息加工理论的角度来看，这样的概念关系图像能够促进学生结合楞次定律的语义编码加强对定律内容的记忆，加快应用时从大脑中相应的知识系统中提取的效率。

日常的教学经验是学生记住了楞次定律的内容，不等于学生能够应用楞次定律去解决问题。这是因为定律的内容从认知心理学角度来讲是一个陈述性的知识，而用来对外解决问题的智慧技能需要的是程序性的知识，所以教师应该促进学生把这个陈述性的知识转化为程序性的知识。运用楞次定律来解决一个具体的情境问题，实质上是一个与得出规律的归纳推理相反的演绎推理的过程。教师可以用可视化的流程图来帮助学生把陈述性的知识转化为程序性的知识，构建一个产生式系统。

问：感应电流的磁场方向有什么规律？
答：阻碍引起感应电流的磁通量的变化。
问：怎么理解"阻碍"这两个字？
答：磁通量的变化有增加和减少两种可能的情况。引起感应电流的磁通量增加，则感应电流的磁场方向要与引起感应电流的磁场方向相反；引起感应电流的磁通量减少，则感应电流的磁场方向要与引起感应电流的磁场方向相同。所以，把"阻碍"两个字分解成两种类型来解析，就是增加时相反、减少时相同。

根据演绎推理的大前提、小前提和结论的三段论形式，我们要得出结论，有了大前提，还必须知道小前提。在这里的大前提就是"增加时相反、减少时相同"，小前提就是引起感应电流的磁场方向以及磁通量的变化情况。所以，教师在应用楞次定律解决问题时，必须给学生呈现小前提，也就是必须先明确引起感应电流的磁场方向以及磁通量的变化情况，才能做出三段论式的推理。模式如下：

大前提：增加时相反、减少时相同。

小前提：引起感应电流的磁通量是增是减，明确引起感应电流的磁场方向。

结论：明确得出感应电流的磁场方向。

流程图如图4.4.4所示，它让学生更加清晰地看到这个演绎推理的逻辑顺序，也就明确了这个演绎推理的技术路线和思维路径。这就完成了把陈述性的知识向程序性的知识转化的结构化系统化过程，把原来只知道"是什么"进阶到了知道"怎么做"，实现了从知识向能力转化的过程，提升了学生在科学思维维度的二级指标科学推理的学科素养。

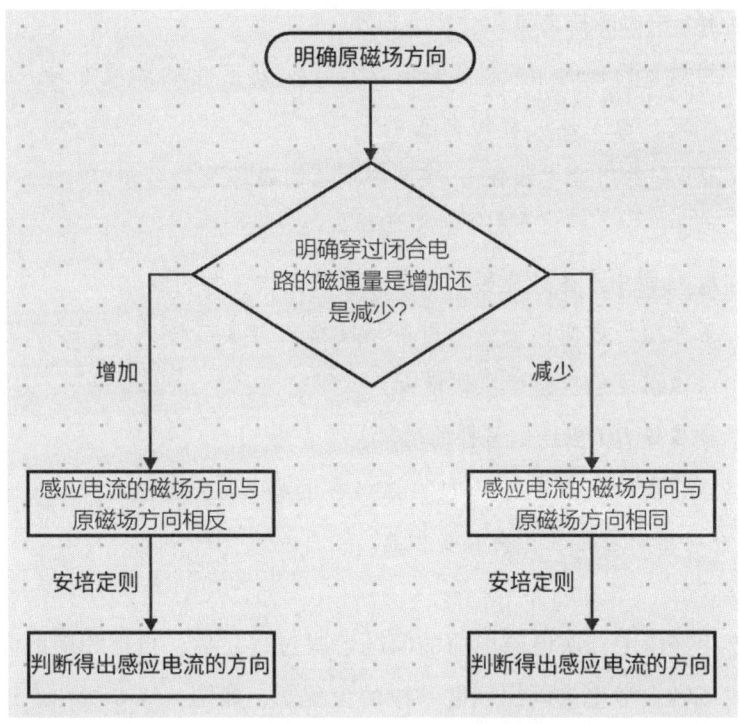

图 4.4.4

在巩固了正向演绎推理从已知原磁场的方向推出未知感应电流方向的推理流程后,再给学生呈现一个需要逆向推理的问题,也就是已知感应电流的方向要逆向推理得到原磁场的方向以及其变化情况的问题,实现学生的科学推理能力的进阶与素养的发展。

如图 4.4.5 所示,水平放置的两条光滑轨道上有可自由移动的金属棒 PQ、MN,MN 的左边有一闭合电路。当 PQ 在一外力的作用下运动时,MN 向右运动,则 PQ 所做的运动可能是(　　)。

A. 向右加速运动
B. 向左加速运动
C. 向右减速运动
D. 向左减速运动

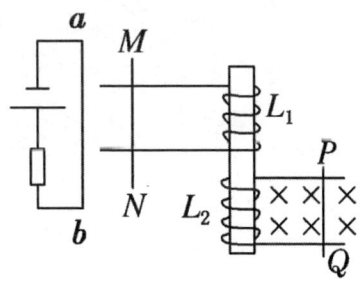

图 4.4.5

问：MN 中的感应电流是什么方向？

答：由题目已知的 MN 所受安培力方向和 ab 产生的磁场方向，结合左手定则可以判定，电流是从 M 流向 N 的。

问：MN 中的感应电流在 L_1 线圈中产生的磁场是什么方向？

答：向上。

问：L_2 线圈中产生的原磁场是什么方向？大小如何变化？

答：若原磁场方向向上，则原磁场磁感应强度应该减小；若原磁场方向向下，则原磁场磁感应强度应该增大。

问：金属棒 PQ 应该做怎样的运动？

答：若原磁场方向向上，PQ 应该向右运动，而且要减速；若原磁场方向向下，PQ 应该向左运动，而且要加速。

在学生经历了二次电磁感应的问题解决过程之后，再把相应的流程图呈现给学生或者由学生去画出问题解决的流程图，如图 4.4.6 所示。这样能让学生实现相应的科学推理能力的巩固和迁移，进一步形成更加完善的知识体系和能力结构。

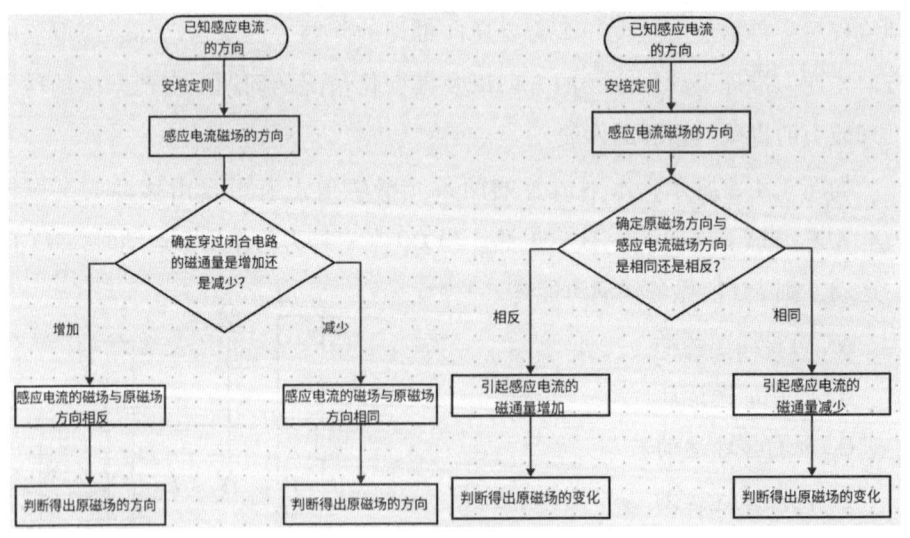

图 4.4.6

第五章　高中物理有效教学的实验情境化策略

建构主义认知心理学研究表明，学生的知识不是由老师教授的，而是由学生主动建构的。学生调用头脑中已有的知识和经验与学习环境发生作用，通过知识的同化或顺应建构起新的知识体系。学生的学习过程，本质就是学生在一个具体的学习情境中，应用眼耳鼻舌身感受和接收外部信息，这些接收到的外部信息，经过大脑的加工再与头脑中原先具有的知识和经验发生作用，如果头脑中原有的认知结构能够解释新接收的外部信息，则将新接收的外部信息纳入原先的认知结构当中，这称为同化。同化实现原有认知结构数量的扩充。如果头脑中原有的认知结构不能够解释新接收到的外部信息，则将原有认知结构进行重新组织来适应新接收的信息以达到平衡，这称为顺应。顺应实现了原有认知结构性质的改变。人类的学习就是在上述不断的同化与顺应中，建构新的有条理、有逻辑、有层次、有组织的知识体系的过程。可以说"无情境，不学习"，没有创设情境，学生是不能发生学习事件、学习活动的。

新一轮课程改革物理学科提出以核心素养为纲的课程目标体系，物理观念、科学思维、科学探究、科学态度与责任4个维度的核心素养目标的达成，都离不开学习情境的创设。而且，应该创设让学生能够全方位、多感官、多层次接收信息的情境，而不是片面的单层次、单角度的接收情境。盲人摸象就是一个反面的例子，摸象耳朵的人说大象是一把扇子，摸象腿的人说大象是一根柱子，摸象牙的人说大象是一根棍子，摸到大象身体的人说大象是一堵墙，摸到象尾的人说大象是一根绳子。这就是盲人片面的单角度、单层次接收信息的结果,启示我们日常物理教学必须创设真实的生产生活情境和实验情境,让学生在这样的情境中接收信息,建构知识,培养能力,养成习惯,提高素养。

学生在真实情境中学习,是学生能够自主学习和探究学习的前提,学生只有在真实情境当中,才能基于情境提出问题,基于头脑中原有的知识和经验及同伴的帮助分析问题,再经过分析、综合、概括、抽象、判断、推理、得出结论来解决问题。

第一节 高中物理教学的实验情境化概述

从2003年秋季开始,全国各地陆续展开新一轮课程改革,笔者所在的福建省从2006年秋季开始进入新课程改革并全面启用新课标教材,福建省现在使用的司南版新教材中实验教学几乎贯穿于整个教学过程,教材编写者精心设计了分组实验、演示实验、课外迷你小实验等多种实验形式,为学生多层次、多角度、跨时空地利用物理实验创设学习情境进行物理学习提供了很好的资源。特别是基于2017版新课程标准编写的新教材又加强了物理实验教学的编排,除了增加大量迷你小实验和演示实验之外,还增加了多个分组实验,在必修二模块增加了"探究向心力大小与半径角速度质量的关系"实验,在必修三模块增加了"观察电容器的充放电现象"实验,把"长度的测量及其测量工具的选用"从原来合并在"测量金属丝的电阻率"实验中分离出来成为一个独立的分组实验,在选择性必修二模块增加了"探究变压器原副线圈电压与匝数关系"实验。物理实验作为一种理论联系实际的实践活动,是落实物理课程目标,加强学生自主学习、探究学习、合作学习,全面提高学生科学素养的重要途径,也是物理课程改革的重要资源。教学中的各类演示,真实直观,形象生动,学生获得亲身体验,在实验中能够发现新现象,提出新问题,拓展新思路,激发学生学习物理的兴趣,它不但能帮助学生加深对物理原理的认识和理解,而且还原了物理学的本来面目,更加凸显了物理学作为一门实验科学的本质特征。下面具体谈一谈新课程背景下物理实验的情境创设功能。

一、创设物理实验情境时应遵循的原则

(一) 明确教学目标

在高中物理教学中,教师在创设物理实验情境时,应当明确教学目标,充分体现出目的性,如此才能够有效发挥出物理实验情境的作用,促使学生有效学习。具体而言,教学目标是引导教师和学生有目的、有计划开展学习活动的重要基础,教师创设的情境应结合教学目标进行,紧扣探究问题,以此建立起一个良好的学习环境,从而帮助学生完成知识构建,促进学生发展。

(二) 符合学生实际情况

在高中物理教学中,教师创设的实验情境除了要围绕教学目标展开以外,也应当是符合学生实际情况的。物理情境体现了物理知识和物理思想方法,是物理知识产生的背景,有助于引导学生发现和提出问题,当物理情境与学生的近期学习产生交集并与学生的智力、认知水平及生活经验等相适应,同时具备一定挑战性和探索性时,学生才能在已有认知基础上产生探索欲,获得真切的体验和感悟,与老师互动合作,并从中发现问题、提出问题、分析问题乃至解决问题。

二、创设实验情境,增强物理教学有效性的策略

高中物理课程标准指出,教师在物理教学中可创设物理实验情境,让学生在观察和体验后有所发现、有所联想,并萌发出科学的问题,从而进一步提出问题、分析问题和解决问题。学生可以在解决基于实验情境的问题过程中,掌握知识、加强能力、提高素养。因此,创设实验情境是增强物理教学有效性的一个良好策略。

(一) 用物理实验创设导入情境,激发学习兴趣

例如学习闭合电路的欧姆定律时,基于学生本身具备的有关电学领域的知识和经验不多,笔者是这样引入课题的。准备两个电源,一个电源是由两节1号新电池串联成的电源,另一个电源由多节旧电池组成。学生已经学习了测量电源电动势的方法,先后测量了两个电源的电动势分别为3V和9V,

然后笔者先提出一个问题：灯泡接在哪个电源上更亮一些？学生基于之前学习过部分电路的欧姆定律，知道电压越高，电流越强，灯泡越亮，所以全体同学几乎毫无例外地回答道"接到第二个电源上的灯泡亮得多"。而且有的同学还绘声绘色地讲到灯泡闪亮一下，发出非常强烈的白光，钨丝立马烧断。这时笔者再把实验做一遍，结果与学生的心理预期完全相反。这时的课堂教学就不是教师要学生学而是学生自己要学了。另外，还可以基于传感器技术和计算机信息技术的应用设计一个利用滑动变阻器和电源、开关相连，用电压传感器对电源两端电压进行测量的实验。实验发现，改变滑动变阻器时，电源电压值会发生变化，这与初中学生的电源电压不变产生矛盾，通过这一认知矛盾，教师引导学生深入探究关于闭合电路欧姆定律的相关问题。

又如自感课堂引入时，笔者先找出一个电源（由两节 1 号电池串联而成）让学生摸一摸，判断有没有触电的感觉，学生毫无例外地表示没有触电的感觉。然后，笔者找出一个带铁芯的自感线圈，也让学生摸一摸线圈的两端，判断有没有触电的感觉，学生发现也没有触电的感觉，因为自感线圈不是一个电源。经过如此铺垫引导，这时让一个学生把自感线圈连接在 3V 电源的两端，这时同学们惊奇地发现讲台上那个触摸电源的同学分明表现出强烈触电的感觉，如果认为这位同学的感觉可能是偶然的，再来第二个同学也有如此的感觉。于是笔者提出问题：高压从何而来？以此开头再论述自感就顺利多了。

（二）用物理实验创设矛盾情景，引导学生深入探究

利用学生认知结构中原有错误经验引起认知矛盾以创设实验矛盾情境，是引导学生深入探究学习的好办法。比如在学习"串并联电路应用"这一节串联电路中的电功率跟电阻成正比的内容时，如果平铺直叙，学生往往没有兴趣。为此，教师应该精心设计教学过程，比如先不忙于亮出新课内容，而可以先做演示实验，做实验前提问学生："这儿有 220V、40W 和 220V、100W 的两个灯泡，同时串联接入电路，哪个更亮一些？"学生们根据已有知识，几乎都会作出 100W 灯泡比 40W 亮的结论。这时教师再当场做演示实验，当学生目睹了 40W 灯泡竟然比 100W 灯泡更亮的情形时，心理预期被击得粉碎，顿时感到不可思议，进而发出疑问：问题出在哪里？为什么会这样？学生们

这种由惊奇、困惑再到追寻答案的心理过程，是教师创设的情境造成学生认知不协调的必然反应，于是学生们聚精会神地听教师讲解，产生出找到答案的强烈探究欲望。

（三）用物理实验创设习题情境，实现有机整合

习题教学与物理实验，表面上看是教学过程中两个相对独立的内容，传统教学中，很少把这两部分内容进行整合，使它们成为教学过程中的一个有机的整体。然而，笔者在习题教学中发现，许多学生在解题过程中遇到障碍，源于对习题叙述的物理情境不能正确理解，无法找到解决问题的正确途径。笔者将习题教学与物理实验进行有机整合，使它们融为一体，让实验研究为习题教学服务，反过来，通过习题研究可更深刻地理解实验过程中的物理思想。

在"双线摆"的教学中，有这样一道习题：

质量为 m 的小球，用两根长度均为 L 的细线悬挂，组成一个双线摆，细线与水平方向夹角为 α。现在让摆球在垂直于纸面方向来回摆动，双线摆动的最大偏角为 θ（$\theta<5°$），求：①该双线摆的周期 T；②摆球经过最低点时，细线受到的拉力 F。

尽管习题中对"双线摆"的物理情境做了明确的描述，但由于双线摆的摆动模型与学生的心理预期不同，还是有相当多学生无法正确理解。

后来，笔者把"双线摆"的教学流程做如下设计：在"用单摆测重力加速度"实验结束后，分析实验误差时发现，实际测量时很难做到摆球在同一竖直面内摆动，一个轻微的扰动就可能使小球做椭圆运动。

接着提出两个问题。问题1：若小球不在同一竖直平面内摆动，会对周期的测量有何影响？问题2：如何改进原来的装置？学生讨论非常踊跃。

问题1：因为单摆周期公式为 $T=2\pi\sqrt{\dfrac{L}{g}}$，而圆锥摆周期公式为 $T=2\pi\sqrt{\dfrac{L\cdot\cos\alpha}{g}}$，所以若小球做类似圆锥摆运动，周期 T 测量值将偏小。

问题2：经过讨论，有学生设计出了双线摆装置，发现双线摆的摆动比单摆更为稳定。

接着，拿出双线摆的装置，归纳出两个结论：

（1）用双线摆代替单摆，实验中摆球摆动更稳定。

（2）双线摆的摆长应为 $L=l\sin\alpha+\dfrac{d}{2}$（$d$ 为小球直径，l 为摆线长），此时再提出原来的问题，教师对双线摆的教学变得更加顺畅。

（四）用物理实验创设直观情境，化解知识难点

实验可以使学生在课堂上完整、清晰、形象地感知物理现象，给学生提供思维过程必需的感受性材料，把抽象的物理问题形象直观化，激发学生学习物理的兴趣，降低教学难度，从而化解知识难点，提高学生的综合能力。

在解决有关静摩擦力的问题时，学生常感到难以判断静摩擦力的方向。因为两个物体之间没有产生相对运动，想象起来确实不容易。可以通过下面的实验来直观地演示静摩擦力的方向。将一只鞋刷刷毛向下地放在粗糙的平面上，用手水平地推鞋刷，观察刷毛向什么方向弯曲；把鞋刷翻一个身，使刷毛向上，把另一个表面粗糙的物体放在刷毛上，水平推这个物体，观察刷毛向什么方向弯曲。也可以用两只鞋刷，使刷毛相对地放在一起，推其中的一只鞋刷，在不产生持续滑动的情况下，观察刷毛的形状有什么变化。从这些观察中，可以判断不同情况下物体所受的静摩擦力的方向。

通过上面的实验，学生可以得出判断静摩擦力方向的方法，当物体间存在相对运动趋势时，可以设想它们的接触面将发生怎样的形变，某物体所受的静摩擦力的方向就是促使它产生形变的方向。

（五）用物理实验创设解疑情境，清晰知识疑点。

在学习电势能与电势差的科学探究电容器内容时，教师介绍如图 5.1.1 所示的实验装置，并且完成了电容器的极板间的距离、正对面积和电介质的介电常数对电容器电容的影响等实验探究。学生经过观察提出的问题是：第一，为什么不把电容器的 A 极板与静电器的外壳直接相连，而是把它们分别接地？第二，电容器不就是拿来容纳电荷的吗？如果一个极板也可以容纳电荷，为什么要用两个极板呢？针对同学提出的情境问题，教师可以设计如下的实验来进行解释。

师：我们在使电容器极板带电的操作中，用丝绸摩擦过的玻璃棒与B板接触使它带电，运用的是接触带电的方法。那么，我们有用毛皮摩擦过的橡胶棒去接触A极板吗？

生：没有。

师：如果让A极板与静电计外壳直接相连而不接地的话，它们会带电吗？

生：不会。

师：本实验的操作是让A极板接地，这样A极板会带上电吗？

生：不太清楚。

师：请同学们回忆有关感应起电的知识。

生：明白了，A极板会由于B板的感应作用而带上等量的异种电荷。原来A板接地的原因是为了能够带上与B板等量的异种电荷。

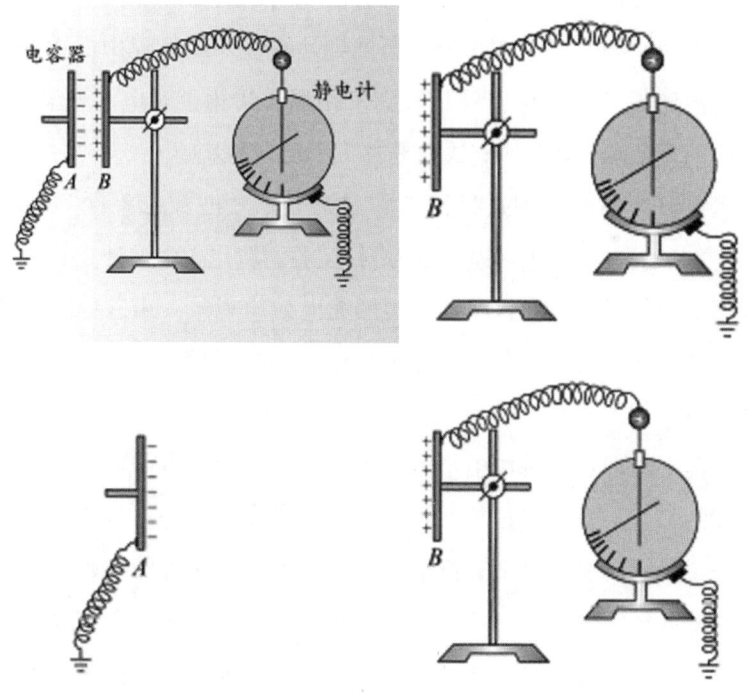

图 5.1.1

师：同学们请观察，如果用一个极板带电与静电计相连，静电计指针有示数吗？

生：静电计有示数。

师：我们让另一个接地的 A 板从远处靠近 B 板，观察静电计示数如何改变？

生：静电计示数减小。

师：这表明单个容纳电荷的基板有电容吗？两个靠近的极板，电容发生了怎样的变化？

生：表明单个极板也能容纳电荷也有电容，两个靠近的极板与单个极板相比电容增大了。

通过这样的演示实验情境展示，以及师生和生生课堂对话，学生基于情境的疑问得到了解释。在原有知识与新的情境问题的顺应过程中，以及学生的认知状态由"平衡"到"不平衡"再回到"平衡"的过程中，知识结构中电容概念的内涵得到了深化，外延得到了拓展，活化了对电容概念的理解，为应用电容的概念解释现象、解决问题打下了良好的基础。

下面以鲁科版高中物理选择性必修三第 6 章"波粒二象性"的第 1 节"光电效应及其解释"为例，说明如何进行实验情境化教学设计。

课程标准相关要求：通过实验，了解光电效应现象；知道爱因斯坦光电效应方程及其意义；能根据实验结论说明光的波粒二象性。

学情分析

本章是高中物理 6 个模块中最后一个模块的最后一章内容，学生通过光的干涉、光的衍射、光的偏振等知识的学习，形成了光是一种波的观念，而对光的粒子说了解甚少，也没有机会了解支持光的粒子说的实验现象。在这样的知识基础和经验背景下，学生要接受光是一种粒子的观念有较大的困难与障碍。运用实验，展示很强的红光无法激发出光电子，而很弱的黄光却能够激发出光电子的对比情境就显得非常重要，它是学生建立光具有粒子性的重要实验基础，也是培养学生基于证据大胆质疑的良好机会。在质疑的基础上提出新的观点就是创新，创新的观点即光的能量是与频率有关的。

关于光电流随着正向电压变化而变化规律的学习，学生基于欧姆定律的知识基础，往往会做出光电流随着正向电压的增加而不断增大的判断。真实实验的结果是光电流起初随着正向电压的增大而增大，然后随着正向电压的增大保持不变。在此基础上再建立模型解释实验现象，在进行实验现象解释时，要特别注意电流强度的定义式是单位时间内的电荷量，正向电压会使光电子加速，但不会增加单位时间到达阳极的电荷量。

核心素养目标

核心素养目标如表 5.1.1 所示。

表 5.1.1

素养要素	素养目标
物理观念	通过实验建立光电效应的概念，了解光电效应现象的规律。进一步发展和完善能量的观念，为建立光的波粒二象性的物理观念打下基础。
科学思维	基于光电效应实验现象，对光的波动理论提出质疑，建立光量子模型，知道光子的能量决定于光的频率。基于光子理论解释光电效应实验规律，能够理解光电效应方程，解释光电效应实验的存在极限频率、饱和光电流和反向遏止电压的规律。
科学探究	基于原有的知识和经验设计光电效应规律实验探究方案，应用控制变量的方法探究光的频率、光的强度与金属的种类等变量与光电效应是否发生关系。提高与他人表达和交流的能力。
科学态度与责任	理解科学的本质是人类对自然现象的解释，是认知结构能够解释实验现象时的"同化"，认知结构无法解释实验现象时的"顺应"。物理学是对自然现象的描述与解释，学科知识会随着人类对自然现象认识的加深而不断发展。

教学重点

光电子的有无、多少、速度的实验探究及运用光子理论对实验现象进行解释。

教学过程设计

教学过程设计如表 5.1.2 所示。

表 5.1.2

教学内容	教师活动	学生活动	设计意图
引入新课	提出问题，引出光电效应的概念，再引导学生思考影响光电效应的因素。 1. 紫外线照射之前，锌板和验电器带什么电？ 2. 紫外线照射之后，验电器的张角如何变化？这个现象说明了什么问题？ 3. 如何才能产生光电效应呢？研究这个问题我们需要考虑哪些因素呢？	观看视频，观察紫外线照射锌板实验现象，思考相关问题，得出有电子从金属逸出的结论，明确光电效应的概念。 光电效应：在光的照射下，从金属表面逸出电子的现象叫做光电效应现象。逸出的电子称为光电子。	夏季空气湿度较大，做静电实验不易成功，选择观看实验视频引入本课的学习主题。
关联相关知识和经验	提出问题，引导学习。 1. 关于光和金属，我们了解哪些知识呢？ 2. 为什么选择照射到金属表面呢？ 教师讲解：金属原子的外层电子会脱离金属原子核做自由运动，叫做自由电子。金属中的自由电子受到金属的束缚力并不能自发逸出。	思考问题，回忆激活光的颜色、频率、亮度、光强，金属的原子结构等知识。	激活相关的知识经验，为进一步学习做好铺垫。

续表

教学内容	教师活动	学生活动	设计意图
设计实验	引导学生小组合作讨论：关于光电子的发射，同学们想了解哪些内容呢？ 引导学生讨论本课的学习主题：研究光电子的有无、多少及快慢。 引导学生用控制变量法设计三个实验方案。	小组讨论同学们想要了解关于光电子发射的研究内容。用控制变量的方法设计实验方案。	通过小组讨论确定学习主题和重点，尊重学生的学习主体地位，促进学生实现自主学习。
探究光电子的有无	请同学们猜测：根据你现有的知识和经验，你认为强度大（亮度高）的光还是频率大的光能够激发出光电子？	先猜想光电子发射与光的频率和光强的关系，再经过实验探究检验。提出质疑：强度大的光能量大还是频率大的光能量大？ 1. 猜测：强度大的光还是频率大的光能激发出光电子呢？ 2. 实验探究。	创设实验冲突情境，培养学生基于证据的质疑能力和质疑精神。

续表

教学内容	教师活动	学生活动	设计意图
光子理论建构模型解释实验	介绍爱因斯坦的光量子理论和金属的逸出功概念，引导学生建模分析实验现象，并基于光的电磁理论和生活经验提出质疑，最后实现光子理论与波动理论的融合。 1. 爱因斯坦提出光量子理论模型：光的能量是一份一份的，每一份能量叫做一个光量子，简称光子。光子的能量和光的频率成正比。 2. 逸出功的概念：要使电子脱离某种金属，外界对它做功的最小值。 3. 两个或多个光子能够同时被一个电子吸收吗？说明这是小概率事件（类比跳台阶进行说明）。 4. 光的强度越大，能量越大，这样的说法还对吗？光的强度越大，光子数量越多。	建构模型解释现象。一个电子吸收一个光子的能量，一个光子的能量不小于逸出功，才会发生光电效应。	旧的理论无法解释新的实验现象时，就要调整旧的理论或者提出新的理论来解释新的实验现象，进一步深刻认识科学本质。
探究光电子的多少	教师提出问题，引导学生学习。如果发生了光电效应，逸出的光电子都能够自发地从阴极到达阳极吗？我们有没有办法让尽可能多的光电子到达阳极呢？ 归纳实验现象： 1. 光照强度不变时，随着正向电压的增加，光电流先增大后不变，趋于一个饱和值（饱和电流）。 2. 光照强度越大，饱和电流越大。 教师演示动画，直观模拟随着正向电压的增加，到达阳极的光电子的数量先增加后不变。	1. 猜测：光电流的大小会随着正向加速电压的增大如何变化呢？ 2. 实验探究。 3. 建构模型解释现象。 思考问题：光强一定时，单位时间内从阴极逸出的光电子个数是确定的吗？	通过新旧理论在解释实验现象中的融合，体会光的波粒二象性。 演示动画直观模拟光电子的运动，运用可视化方法辅助学生理解存在饱和电流的原理。

第五章　高中物理有效教学的实验情境化策略 | 193

续表

教学内容	教师活动	学生活动	设计意图
探究光电子的多少	  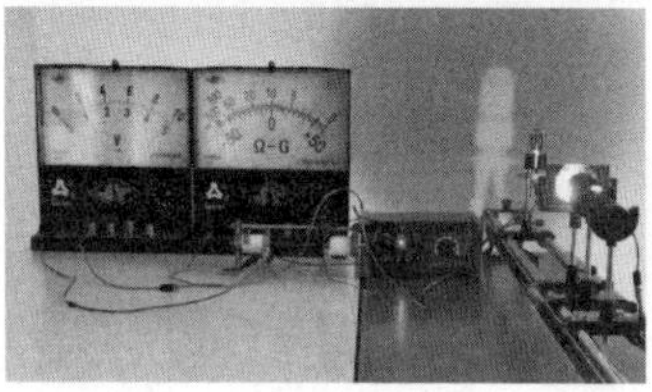	当正向电压增大时，逸出的光电子受到的电场力增大，到达阳极的光电子越来越多，光电流逐渐增大。当正向电压增大到足够大时，所有逸出的光电子在电场力的作用下都到达阳极。而单位时间内逸出的光电子个数与正向电压的大小无关，取决于光强度的大小，这时继续增加正向电压，光电流大小就不变。	
探究光电子的快慢	请同学们猜测：如果给光电管加一个反向电压，这个电压对光电子运动有什么影响？对光电流又会有什么影响呢？ 实验现象： 1. 随着反向电压的增加，光电流逐渐减小直至为0，光电流恰好为0时的反向电压，称为反向遏止电压。 2. 黄光和蓝光的反向遏止电压不同，蓝光的反向遏止电压大，黄光的反向遏止电压小。	先猜测再进行实验探究，然后建模分析。 建模分析： 1. 遏止电压：说明光电子具有初速度，初速度为最大的光电子具有最大初动能。 $E_k = \dfrac{1}{2}mv_c^2 = eU_c$	运用功能关系的知识解释实验现象，理解爱因斯坦的光电效应方程，建构光电效应的知识全景图。

续表

教学内容	教师活动	学生活动	设计意图
探究光电子的快慢		2. 动能的来源：由光电效应条件可得最大初动能 $E_k = h\nu - W_0$ 讨论：如果光的强度增大，光电子最大初动能会不会增大？	
板书设计		1. 存在极限频率。 $h\nu \geq W_0$，发生光电效应。 $h\nu_c = W_0$，ν_c 是极限频率。 不同金属的极限频率 ν_c 不同，与金属自身性质有关。 2. 存在饱和电流。 光的频率不变时，光照强度越大，单位时间内发射的光电子数目越多，饱和电流越大。 3. 存在遏止电压。 对于同一种金属，光的频率越大，光电子的最大初动能越大。光电子最大初动能与光强度无关。 4. 具有瞬时性。 5. 光电效应方程：$E_k = h\nu - W_0$	
作业布置	绘制光电效应的思维导图		

教学反思

（1）关于饱和电流随着正向电压先增大后不变的规律，学生的疑点在于正向电压越大，光电子的速度就越大，单位时间内到达阳极的电子数应该就越多，光电流就应该越大。而探究实验的结果和学生的模型建构解释并不一致，这时要引导学生应用电流强度的微观解释，通过推理可得光电子速度增大时，单位体积内的光电子密度就会减小，而光电子的速度与光电子密度的乘积没有变化，最后导致光电流保持不变。

（2）在本节课的教学中，学生的第二个疑点是对于光的强度的理解。初次接触光量子理论也就是光的粒子性，学生对于强度相同、频率不同的光，光子数是否相同，会产生混淆。典型的观点是强度相同、频率不同的光，光子数是相同的，要引导学生从光的强度就是单位时间到达单位面积的光能的角度去理解，就能够推理得出光的强度一定时，频率较小的光子能量较小，光子数量较多。

第二节　高中物理实验情境化的设计与实施

物理学是以实验为基础的一门自然科学，是人基于对自然现象和事实的观察与分析、归纳与演绎、抽象和概括得到的关于物质的基本结构、物体的基本运动及相互作用的规律的认识。物理实验是人类得到可控制、可重复的现象和事实的有效方法，所以物理实验情境创设注定是高中物理教学过程中一种重要方法。物理概念的建立、物理规律的总结、物理观念的形成及物理学科情感的培养都离不开物理实验的情境创设。高中物理教学的实验情境化设计可以为学生建构物理概念规律搭建有效的支架，为学生的高中物理有效学习设计有效的技术路线。下面就具体谈一谈高中物理实验情境化的设计与实施。

一、自制教具，改进物理演示实验

目前很多高中学校，特别是像笔者所在的县域高中学校，物理、化学、生物等科学学科实验室器材严重不足是一种普遍的现象。有一些新教材要求增加的实验器材，老教材没有要求，实验室还来不及购置，还有一些实验器材年久失修，不能正常使用。另外，实验室专业的实验教师配备严重不足，有的实验教师是非专业的，只能起到保管员的作用，进行辅助实验教学设计是有困难的。还有一些实验教师是将近退休年龄离开一线教学岗位而到实验室"养老"的。在上述实际情况下，想要完成课程标准及新课程教材要求的相关演示实验、分组实验和课外小实验是有相当难度的。这就要求一线物理教师在克服困难，通过自制教具来补充实验室器材，并且这些道具可以循环利用，节省资源的基础上提升了教学质量。

例如在鲁科版高中物理必修第3册第1章第5节"静电的利用与防护"的教学过程中，为了进行静电除尘原理的学习，可以利用静电除尘模拟装置创设一个真实的静电除尘的实验情境（如图5.2.1所示）。

模拟静电除尘

如图1-29所示，将铝片和铜丝放入去掉底部的矿泉水瓶中，用静电高压电源的负极连接铜丝，正极连接铝片，这样便制成了简易的静电除尘器。实验时，从矿泉水瓶底部充入烟尘，然后放到桌面上。接通电源，你会看到什么现象？请解释出现该现象的原因。

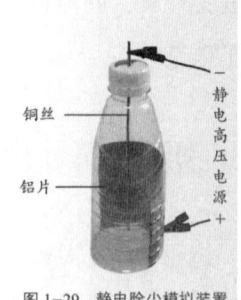

图1-29 静电除尘模拟装置

图5.2.1

把塑料瓶的中心铜丝电极和铝片分别接到静电感应起电机的两极上，使中心铜丝电极与铝片带上异种电荷。学生看到的实验现象是，当静电感应起电机开始工作时，烟尘基本没有减少，随着静电感应起电机工作时间的延长，瓶中的烟尘在短时间内突然消失。学生通过观察这个实验现象，提出了基于情境的问题：塑料瓶中的烟尘为什么是在短时间内突然消失，而不是慢慢消失的？

结合教材中的"大部分烟尘颗粒或粉尘在吸附电离所产生的负电荷后，在电场力作用下向金属桶运动并落在金属桶上，通过除尘后的气体则从出口排出"这句话，学生又提出了如下基于情境的问题。

(1) 为什么是大部分的烟尘颗粒吸附电离所产生的负电荷，而不是全部的烟尘颗粒？

(2) 粉尘颗粒为什么不吸附正电荷，在电场力作用下向负极运动呢？

在学生基于情境提出这些情境问题的前提之下，老师再逐个引导学生运用学过的有关静电场的知识来解决这些问题。

对静电除尘的情境问题，可以设计如下教学过程。

师：塑料瓶中的铜丝中心电极与铝片之间存在电场吗？

生：铜丝和铝片带了异种电荷，他们之间存在电场。

师：他们之间存在的电场是匀强电场吗？

生：它们不是平行金属板，所以不是匀强电场。

师：请同学们画出他们之间电场的电场线分布情况。

生：如图所示（见图 5.2.2）。

师：中心电极附近与边缘的场强大小一样吗？

生：中心电极附近电场线更密，所以场强更大。

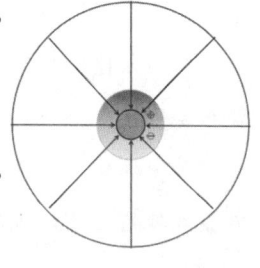

图 5.2.2

师：当中心电极附近的电场强度足够大时，会把中心电极附近的空气电离，电离产生大量的正负电荷。

生：明白了，除尘器电极上的电荷要积累到足够多，才能使得中心电极附近的电场足够强，才会发生电离现象，产生正负离子。所以烟尘是在场强达到电离空气的强度时突然消失的。

生：那为什么是大部分的烟尘颗粒吸附电离所产生的负电荷，而不是全部的烟尘颗粒呢？难道也有烟尘颗粒吸附电离所产生的正电荷吗？

师：你的看法是对的，请同学们具体分析一下。

生 1：电离产生的正负电荷会在电场力的作用下分别向中心电极和边缘运动。正电荷向中心电极运动，负电荷向边缘运动。由于只有中心电极附近场强足够大，电离只发生在中心电极附近，所以正电荷在向中心电极运动的过程中经过的空间距离很小，吸附的粉尘颗粒就很少。而负电荷在向边缘运动过程中经过的空间距离很大，吸附的粉尘颗粒就很多。

生 2：明白了，也就是说大部分的粉尘颗粒吸附电离所产生的负电荷向边缘运动，而小部分的粉尘颗粒吸附电离所产生的正电荷向中心电极运动。

生 3：我也明白了，那我们看到的静电除尘结果应该是大部分的粉尘附着在边缘内壁上，小部分的粉尘附着在中心电极上。

师：同学们说的对，这就是静电除尘的原理。

生：书本上中心电极接电源的负极，边缘铝片接电源正极，如果我们把它互换过来能够除尘吗？

师：根据刚刚我们所做的理论分析，大家猜想电极的正负互换后能够除尘吗？

生：从刚刚的理论分析来看，应该是可以除尘的。也就是大部分的粉尘颗粒会吸附电离所产生的正电荷而向边缘运动并吸附在边缘的内壁上。

师：同学们分析的有道理，是否正确我们做一做实验就知道了。把正负电极互换后，重新操作实验，观察实验现象。

经过上述的学习过程，学生在真实的实验情境中感受接收信息，产生疑问并提出基于实验情境的真实问题。再调用头脑中已有的与电场相关的知识和经验，在课堂师生问答互动、生生互动的过程中，表达自己的意见，听取他人的想法，互相启发，互相合作，分析问题，最后解决了实验情境问题。这样的学习过程充分体现了学生是课堂的主人，尊重了学生学习主体的地位，使学生真正经历了自主的合作探究的学习过程，解决了基于情境的真问题，提高了学生的问题解决能力，发展了物理学科素养。

二、利用多媒体技术，增加实验演示方式

物理学是一门科学实验与科学思维紧密结合的学科。科学实验是物理学科的基础，科学思维是物理学科的灵魂。物理学科的鼻祖伽利略就是应用科学实验加科学推理的方法开始物理学研究的。而在日常的高中物理课堂教学当中，由于受到时间空间的限制，受到实验仪器、实验材料及实验危险程度等有关条件的限制，一些实验学习情境无法被正常创设。这时可以应用信息技术结合物理实验创设学习情境，作为日常真实物理实验创设学习情境的有益补充。应用信息技术辅助创设学习情境，可以把微观情境宏观化、宇观情境宏观化、抽象情境具象化、静态情境动态化、瞬间情境逐帧化、持久情境快进化。

例如在进行实物粒子波粒二象性的有关知识学习中，中学实验室没有条件演示说明电子具有波粒二象性的电子双缝干涉实验。它的实验方法是1960年约恩孙将电子经上万伏高压加速使其能量达到10千电子伏到40千电子伏，

再让电子穿过双缝产生类似杨氏双缝干涉实验的干涉图样。这个实验很好地证明了电子具有波粒二象性,也就是个别电子经过双缝时到达的位置是随机的,而大量电子经过双缝时到达的位置是有统计规律的。为了呈现这个实验情境,笔者用 Visual Basic 写了一个计算机模拟程序,可以逼真地模拟电子的双缝干涉实验情景。程序可以通过调节双缝间距、加速电压、电子个数和延时参数很好地呈现了个别电子行为的随机性与大量电子行为的规律性。当电子数量少时只看到无规则的亮点,而随着电子数量的增加,逐渐清晰地看到双缝干涉明暗相间的条纹图样(如图 5.2.3 至图 5.2.9 所示)。

图 5.2.3

图 5.2.4

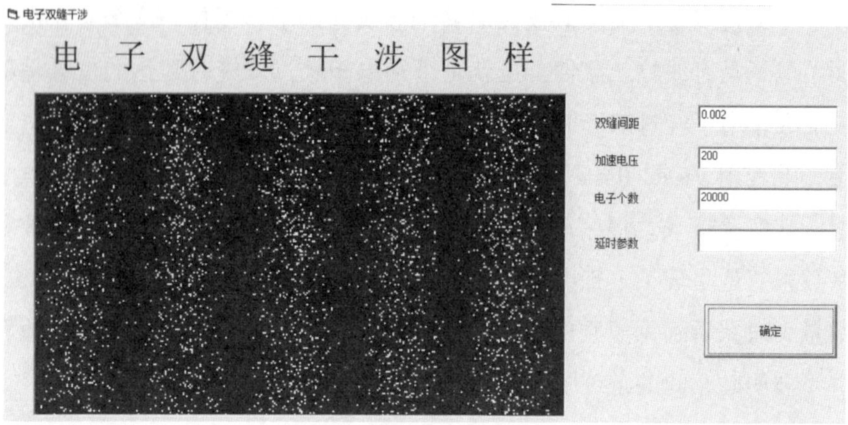

图 5.2.5

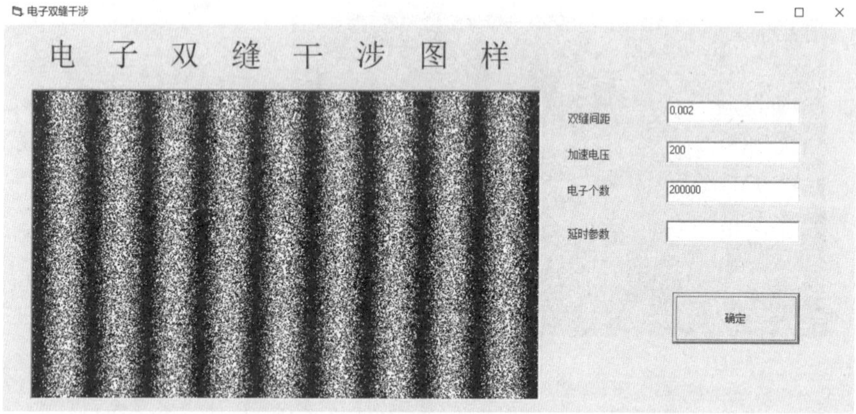

图 5.2.6

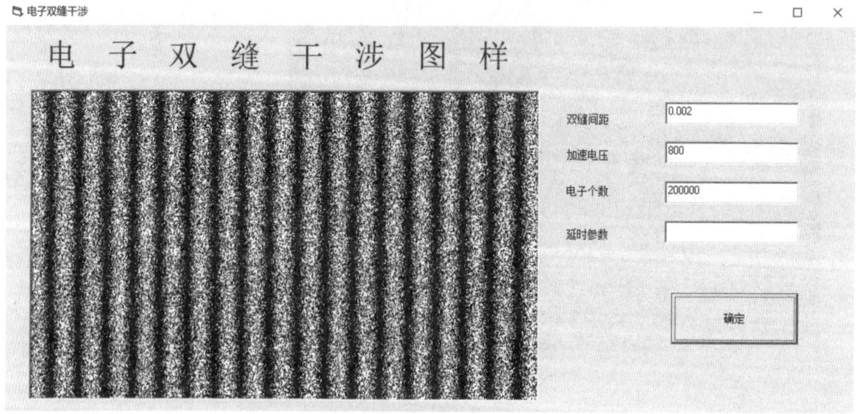

图 5.2.7

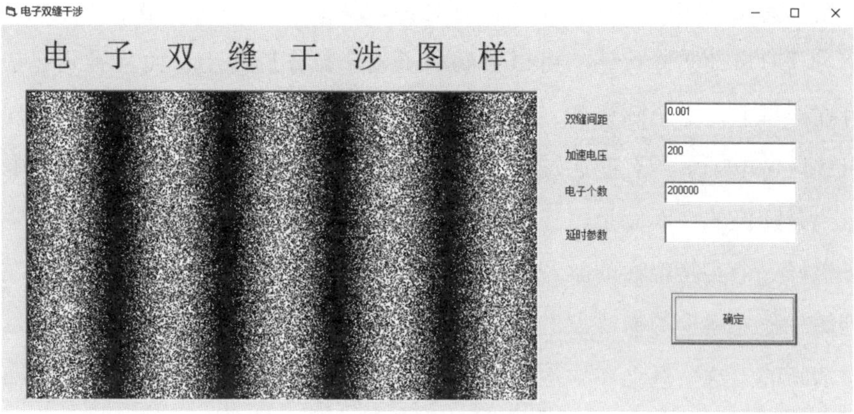

第五章 高中物理有效教学的实验情境化策略

图 5.2.8

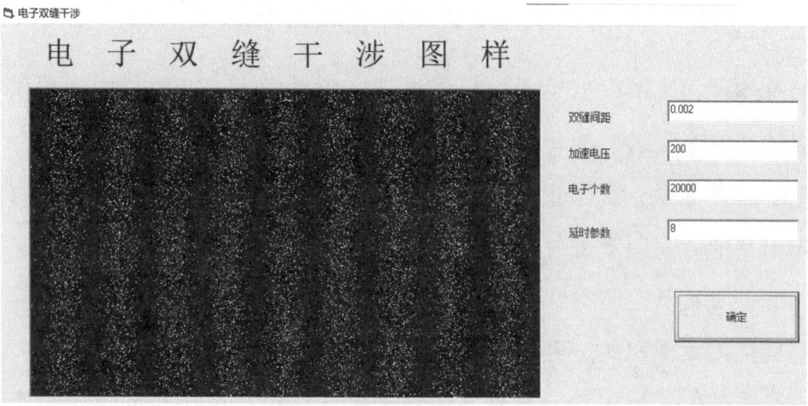

图 5.2.9

从实验结果图可知，当调节双缝间距为 0.002 毫米，加速电压为 200 伏，电子个数为 200 个时，电子打在屏幕上的位置完全是随机的，没有任何规律。当电子个数增加到 2000 个时，能够隐隐约约看到有一些规律，有一些位置电子能够到达的概率大一些，有一些位置电子到达的概率小一些。当电子个数增加到 2 万个时，这个规律就相当明显了，可以看到比较清晰的明暗相间的条纹。当电子个数增加到 20 万个时，就出现了非常明晰的、强烈的明暗相间的条纹。把加速电压调高到 800 伏时，条纹间距明显减小。而把双缝间距调成 0.001 毫米时，明暗相间的条纹间距明显增大。这些现象都可以用德布罗意波的理论得到很好的解释，实现了理论与模拟实验现象的统一。还可以有一个更加完美的实验呈现，就是把延时参数调到一定值时，电子个数调到2万个，这时启动实验按钮，可以看到电子逐个打在屏幕上，而且看到起初电子打在屏幕上是完全随机的，随着打在屏幕上的电子个数增多，逐渐呈现出了有些区域电子多，有些区域电子个数少的规律。程序动态呈现了个别电子的行为是随机的，而大量电子的行为是有规律的这一概率波的特性。学生经历了这样一个实验观察的学习过程，就对物质波的波粒二象性有了非常准确的理解，随之建构的物质波的波粒二象性概念的内涵是非常准确的，外延是非常清晰的。这个概念在学生头脑中的认知结构网格中的位置也是非常准确的，它与其他概念之间的关系是非常清晰的。

三、开放物理实验室，为学生创造更多的操作机会

新一轮课程改革中虽然大力提倡物理实验教学方式，教材中也提供了数量更多的迷你小实验、演示实验和分组实验。但由于现实存在的问题，如高中学生学习任务紧、负担重、升学压力巨大等，学生很难从有限的学习时间中安排出其他时间用于课外实验的设计与操作，而且课外实验的设计、实验器材的准备收集及实验操作都要消耗大量的时间，所以课外迷你小实验要在课外完成是不太现实的。再者，由于教学课时的限制及部分实验器材的不足，往往会造成学生分组实验，没有办法做到单人一组，造成有的学生没有进行分组实验操作的机会，或者操作的时间不够，学生缺少一定的动手机会。这时，可以开放物理实验室，并安排好学生的自主学习时间，包括午间和傍晚时间，学生自主选择到物理实验室进行分组实验的操作。还可以为学生准备迷你实验所需要的器材，为学生在实验室内完成课外小实验创造条件。开放实验室能够多渠道地给学生提供物理实验操作的机会，在很大程度上可以提高物理实验教学的有效性和进一步激发学生学习物理的兴趣。经实践证明，这是一种高中物理学习的有效策略。

下面以电场与电场强度教学设计为例，说明如何进行实验情境化的教学设计与实施。

教材内容分析

电场与电场强度是高中物理必修第3册第1章第3节的概念课，是学习后续电势、电势差、电势能等概念的基础，是电学部分的核心概念。本节内容计划分2课时来完成，第1课时学习电场及电场力和电场强度，第2课时学习电场线。这是第1课时的教学设计。

学情分析

学生已经学习了同种电荷相斥、异种电荷相吸，在初中学习过磁场的有关知识，并学习过用比值定义法定义密度和电阻等概念。由于电场是一种非实物形式的物质存在，会给学生认识电场及学习电场的性质造成一定的困难。初中学习过磁场的有关知识是学生用类比方法学习电场的有效支架，学生用比值定义的方法定义密度和电阻等概念的经历也是学习电场强度的有效的支架。

教学目标

物理观念：认识电场，理解电场强度的定义式、单位、方向。了解实物和场是物质存在的两种形式，进一步完善核心素养的物质观念。

科学思维：通过实验现象的观察，结合科学推理的归纳、概括的方法抽象出电场强度物理量。

科学探究：应用控制变量的方法进行实验探究，得出实验结论。在实验结论的基础上，经历假设、猜想、证实或证伪的过程，增强科学探究能力。

科学态度与责任：体会科学知识是人脑对客观物理现象与事实的主观反映的科学本质，培养实事求是的科学态度与科学精神。

教学重难点：抽象出电场强度大小的定义式。

教学策略：控制变量法，归纳推理法。

教学资源：感应起电机、金属球、通草球、细线、日光灯管、静电魔法球。

教学流程

教学流程如图5.2.10所示。

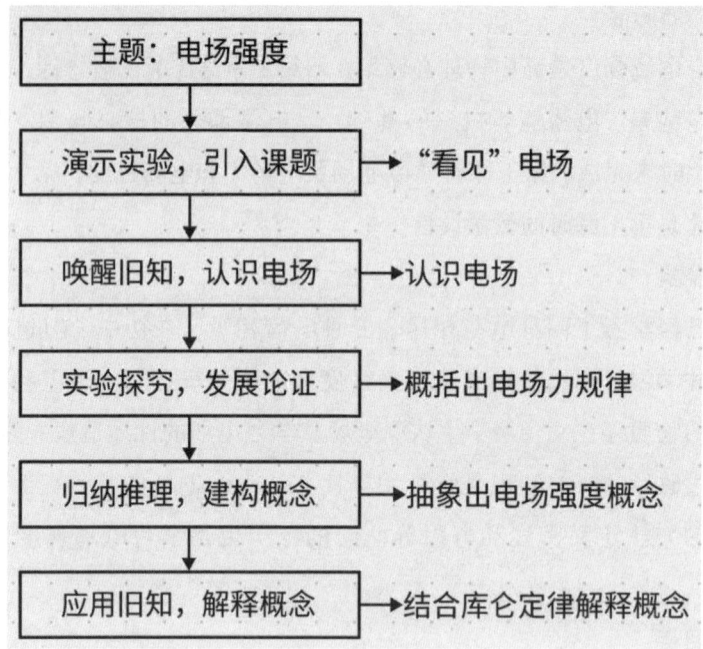

图 5.2.10

教学过程设计

教学过程设计如表 5.2.1 所示。

表 5.2.1

教学过程	设计意图
（一）演示实验，引入课题	
[教师活动] 1. 演示静电感应起电机使一金属球带电，把一根不通电的日光灯管靠近带电金属球的过程中，观察日光灯管发光的现象。 2. 演示把一根不通电的日光灯管靠近静电魔法球时灯管变亮的实验。 [学生活动] 学生观察到一根不通电的日光灯管在靠近带电金属球的过程中会发光的现象。 [学生问题] 使日光灯管发光的是什么？	通过演示实验引起学生注意，激发学生好奇心和学习兴趣，引入电场概念。日光灯管发光，把看不见的电场通过实验现象可视化地呈现出来。

续表

教学过程	设计意图
[教师说明] 实验表明，带电金属球和静电魔法球周围空间存在着使日光灯管发光的看不见的物质，物理学把这种物质叫做电场。  	
（二）唤醒旧知，认识电场	
[教师活动] 在过去的学习和生活中，我们发现有两种力：一种是需要接触产生的力，比如说人对身边的物体推拉提压施加的力；另一种是不需要接触就能产生的力，比如上节课两个带电小球之间的吸引力或者排斥力，带电气球对易拉罐的吸引力，还有初中时学习过的磁体和磁体之间的吸引力或者排斥力。 过去，人们曾经以为这种不需要接触就能够产生的力是一种超距离作用。超距作用随着物理学理论和实践的发展，被证明是错误的观点。带电物体之间的相互作用其实是通过	通过唤醒学生头脑中的已有认知，结合类比方法进一步理解电场的物质性，完善高中物理的物质观念。

续表

教学过程	设计意图
电场来传递的，电场是客观存在的传递带电体之间相互作用力的物质。静止电荷产生的电场是静电场。电场对放入其中的电荷有力的作用，称为电场力；静电场对放入其中的电荷产生的作用力是静电力。电荷与电荷之间的通过电场产生力的作用示意图如下图所示。 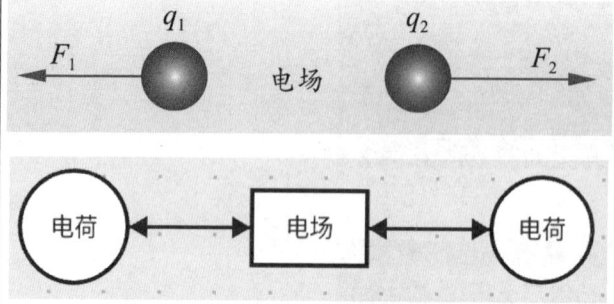	
（三）实验探究，发展论证	
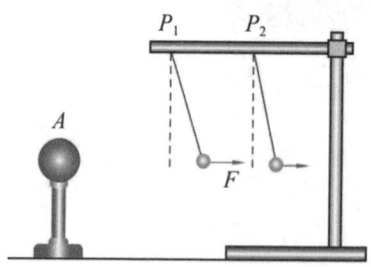 [教师活动] 实验演示两个带同种等量电荷的小球放在电场中不同位置时所受电场力大小。 教师提出问题：电量相同的带电小球放在不同位置时，受到的电场力相同吗？这表明不同位置的电场强弱是否相同？ [学生活动] 学生观察实验现象，看到悬线偏离竖直方向的角度不同，所以带电小球在不同位置所受电场力不同。这表明不同位置的电场强弱不同，电场力大的位置电场强，电场力小的位置电场弱。	通过设计控制单一"位置"变量演示的实验，学生观察得出同样的试探电荷在不同位置所受电场力大小不同，基于这个实验证据提出不同位置电场强弱不同的观点。培养学生的科学思维素养和科学论证能力。

续表

教学过程	设计意图
（四）归纳推理，建构概念	
[教师活动] 教师提问：由于不同位置同一电荷所受电场力不同，我们是否可以用电场力的大小来表示这一位置电场的强弱呢？请同学们思考，在同一位置放置电量不同的电荷，它们受到的电场力大小相同吗？ [学生活动] 假设在电场中某一位置放置一电荷量为 q 的带电小球，受到的电场力为 F。那么假想有另一个带电量也为 q 的带电小球放在同一位置，受到的电场力一定也是 F。也就是说 $2q$ 的电荷量受到的电场力就是 $2F$。以此类推，$3q$ 的电荷量受到的电场力就是 $3F$。 [教师活动] 教师提问：如果用电场力的大小来描述电场的强弱，那这个位置的电场强弱到底应该用 F、$2F$ 还是 $3F$ 来表达呢？ [学生活动] 因为在同一位置放置电量不同的电荷，受到的电场力大小是不同的，也就是说用电场力来描述某一位置电场的强弱没有一个确定的值，是不科学的。 [教师活动] 教师引导：我们要找一个与试探电荷量 q 无关，而只与位置有关的物理量。同学们可以回忆初中时密度是如何定义的。 [学生活动] 通过上面的分析推理，我们可以看到电场力与试探电荷的电荷量是成正比的。也就是说电场力与试探电荷的电荷量的比值是确定的。我们可以用这个比值来表示某一位置电场的强弱。 即：$\dfrac{F}{q}=\dfrac{2F}{q}=\dfrac{3F}{q}$ 定义式：$E=\dfrac{F}{q}$	因在中学实验室不易定量测量在同一位置放置不同电荷量的带电小球受到的电场力，所以设计基于朴素的生活经验的思想实验，学生经过演绎推理得出同一位置电荷量不同的带电小球受到的电场力是不同的，电场力的大小和带电小球的电荷量成正比。培养学生的科学思维素养和科学推理能力。

续表

教学过程	设计意图
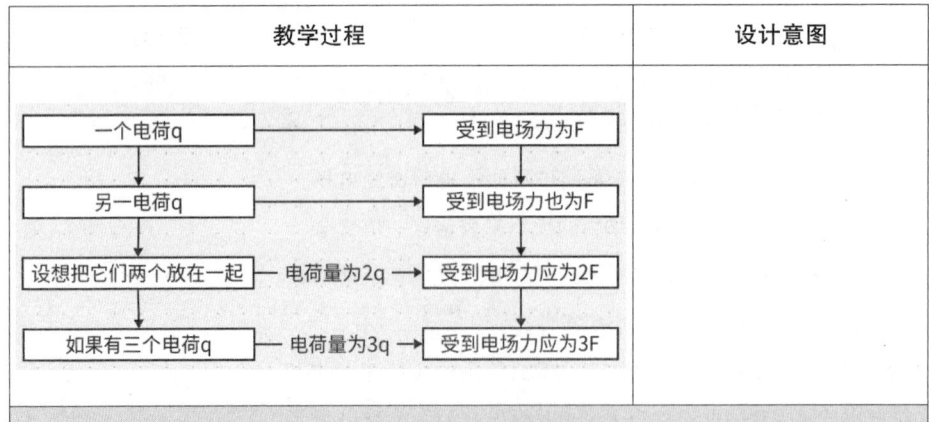	
（五）应用旧知，解释概念	
[教师活动] 请同学们用刚刚学习过的库仑定律来验证我们的科学推理结果是否正确。设真空中有一点电荷 Q 与另一点电荷 q 的距离为 r。则它们之间的静电力为： $$F_1 = \frac{kQq}{r^2}$$ 若另一点电荷电量为 $2q$，则他们之间的静电力为： $$F_2 = \frac{kQ2q}{r^2}$$ 若另一点电荷电量为 $3q$，则他们之间的静电力为： $$F_3 = \frac{kQ3q}{r^2}$$ 则与 Q 相距为 r 处的电场强度为： $$E = \frac{F_1}{q} = \frac{F_2}{2q} = \frac{F_3}{3q} = \frac{kQ}{r^2}$$ 这个表达式说明某一位置的电场强度的大小与该位置与点电荷 Q 的距离 r 有关，与点电荷 Q 的距离越远，电场强度越弱。这个结论和我们演示实验结果是符合的。 点电荷电场强度的决定式： $$E = \frac{kQ}{r^2}$$	设计应用库仑定律和电场强度的定义式来解释离场源电荷越远电场强度越弱、离场源电荷越近电场强度越强的情境。让学生进一步体会物理知识是对物理现象和事实的主观建构和主观反映的科学本质，物理知识必须接受物理实验和事实的检验。

教学过程	设计意图
[教师活动] 运用库仑定律的知识创设情境说明电场强度具有方向。 问：大小相等的试探电荷 q 在如图所示与点电荷距离相等的 A、B 两点受到电场力相同吗？ 答：试探电荷在这两点受到的电场力大小相等、方向不同。 问：同一的试探电荷 q 在这两点所受的电场力不同，表明这两点的电场强度是相同还是不同的呢？ 答：这表明这两点电场强度是不同的，具体来说就是方向是不同的。 某点电场强度的方向与该点正试探电荷的受力方向相同。可推理得出负试探电荷的受力方向与电场强度的方向相反。	
（六）板书设计	

1. 电场：电荷周围空间存在的一种物质。

静电场：静止电荷产生的电场称为静电场。

2. 试探电荷：电荷量和几何尺寸都足够小的电荷称为试探电荷。

场源电荷：产生电场的电荷称为场源电荷。

3. 实验现象：电荷量相等的试探电荷放置电场中，离场源电荷越近，受到的电场力越大。

实验结论：电场中位置不同，电场的强弱会不同。

4. 思想实验：同一位置的试探电荷所受电场力与试探电荷的电荷量成正比。

实验结论：用电场力来表达电场的强弱不科学。

5. 电场强度：定义式为 $E=\dfrac{F}{q}$。

方向：与正试探电荷受力方向相同。单位为牛顿/库仑，符号为 N/C。

点电荷电场强度的决定式：$E=\dfrac{kQ}{r^2}$。

参考文献

[1] 寸玉光. 高中物理创新实验设计与应用 [M]. 昆明：云南大学出版社，2023.

[2] 曾长兴. 且教且反思：高中物理教学探究 [M]. 长春：吉林人民出版社，2022.

[3] 宣杭章. 创新实验集萃 基于科学探究的高中物理演示实验 [M]. 杭州：浙江大学出版社，2022.

[4] 陈金球. 高中物理教学实践与感悟 [M]. 沈阳：辽宁大学出版社，2022.

[5] 李广志. 高中物理教学策略研究 [M]. 北京：现代出版社，2022.

[6] 孙丽，武似梅，刘春瑜. 高中物理教学实践研究 [M]. 重庆：重庆出版社，2022.

[7] 钟路，华琳. 基于核心素养的高中物理教学设计 [M]. 长春：东北师范大学出版社，2022.

[8] 解凤英. 高中物理深度学习中的教与学 [M]. 长春：东北师范大学出版社，2022.

[9] 刘震. 高中物理综合教学研究与设计 [M]. 沈阳：沈阳出版社，2022.

[10] 石涛. 情境源于生活 高中物理情境化教学之我见 [M]. 长春：吉林人民出版社，2022.

[11] 潘仕恒. 教育的足迹 高中物理教师专业成长探究 [M]. 长春：吉林教育出版社，2022.

［12］华琳，钟路，邱锦辉. 高中物理教与学：同行互助促成长［M］. 长春：东北师范大学出版社，2022.

［13］何赛君，李展华，刘堂锦，等. 深度学习探究：以高中物理为例［M］. 杭州：浙江科学技术出版社，2022.

［14］张军朋. 高中新课程物理学科核心素养优秀教学设计［M］. 广州：广东高等教育出版社，2022.

［15］佐木. 高中物理知识模型探究与实践 力学篇［M］. 长春：吉林大学出版社，2022.

［16］杨昌彪. 高中物理教学设计［M］. 成都：西南交通大学出版社，2021.

［17］麦建华，袁勇. 高中物理合作学习［M］. 成都：西南交通大学出版社，2021.

［18］余文森，刘冬岩. 有效教学的基本策略［M］. 福州：福建教育出版社，2013.

［19］廖伯琴. 初中物理教学策略［M］. 北京：北京师范大学出版社，2010.

［20］陈进文. 优化小组合作让物理课堂更出彩［M］. 广州：南方日报出版社，2015.

［21］（美）波帕姆. 促进教学的课堂评价［M］. 北京：中国轻工业出版社，2003.

［22］卢明，崔允漷. 教案的革命：基于课程标准的学历案［M］. 上海：华东师范大学出版社，2016.

［23］陈刚. 物理教学设计［M］. 上海：华东师范大学出版社，2009.

［24］廖伯琴. 物理教育学［M］. 北京：高等教育出版社，2012.

［25］项华. 信息技术与中学物理教学整合［M］. 北京：北京师范大学出版社，2013.

［26］崔允漷. 有效教学［M］. 上海：华东师范大学出版社，2009.

［27］张文兰. 信息技术与课程整合［M］. 西安：陕西师范大学出版总社

有限公司, 2012.

[28] 崔允漷, 王少非, 夏雪梅. 基于标准的学生学业成就评价 [M]. 上海: 华东师范大学出版社, 2008.

[29] 杨向东, 崔允漷. 课堂评价: 促进学生的学习和发展 [M]. 上海: 华东师范大学出版社, 2012.

[30] (美) 加涅. 教学设计原理 [M]. 5版. 上海: 华东师范大学出版社, 2007.

[31] 崔允漷, 王少非, 杨澄宇, 等. 新课程关键词 [M]. 北京: 教育科学出版社, 2023.

[32] (美) 查普伊斯. 学习评价7策略 [M]. 上海: 华东师范大学出版社, 2018.

[33] 邓宗茂. 例谈学科思维导图在高中物理教与学中的应用 [J]. 物理教学, 2020 (7): 19-22.

[34] 邓宗茂. 运用教学任务分析, 优化物理课堂教学 [J]. 物理教学探讨, 2017 (7): 7-10.

[35] 邓宗茂. 例谈 Algodoo 辅助高中物理教学 [J]. 湖南中学物理, 2018 (9): 42-44, 38.

[36] 邓宗茂. 例谈基于学科思维导图的思维可视化策略在物理问题解决中的应用 [J]. 中学理科园地, 2022 (1): 9-12.

[37] 邓宗茂. "加速度" 教学设计 [J]. 物理通报, 2008 (1): 38-40.

[38] 邓宗茂. 新课改与物理实验情境创设 [J]. 物理通报, 2007 (6): 21-22.

[39] 邓宗茂. 几何画板在物理探究型教学中的应用 [J]. 中学物理教学参考, 2014 (7): 11-14.

[40] 吴远龙. 学科核心素养背景下高中物理有效教学策略探究 [J]. 中学理科园地, 2023 (4): 36-37, 55.

[41] 王国其. 高中物理概念教学的有效策略研究 [J]. 山西教育 (教学), 2023 (10).

[42] 胡艳丽. 高中物理习题课的有效教学策略初探［J］. 广西物理, 2023（2）：125-127.

[43] 孙泉元. 新高考背景下初高中物理教学衔接的有效策略探究［J］. 学周刊, 2023（32）：151-153.

[44] 尹刚林. 高中物理概念教学的有效策略和方法［J］. 中文科技刊数据库（引文版）教育科学, 2023（1）：115-118.

[45] 李全林. 高中物理有效性教学策略［J］. 中学科技, 2023（1）：34-36.

[46] 席强. 高中物理力学概念教学有效性提升策略［J］. 新课程研究, 2023（22）：54-56.

[47] 张先锋. 探究新课标下高中物理实验教学的有效策略［J］. 数理天地（高中版）, 2023（22）：72-74.

[48] 黄雯鑫. 提升高中物理教学有效性的策略探究［J］. 中文科技刊数据库（引文版）教育科学, 2023（7）：177-180.

[49] 安崇庆. 提高高中物理课堂教学有效性的创新型教学策略探究［J］. 数理化学习, 2023（9）：41-43.

[50] 安崇庆. 提高高中物理课堂教学有效性的创新型教学策略探究［J］. 数理化学习（教研版）, 2023（3）：41-43.

[51] 龚永昌. 聚焦生活, 构建精彩课堂——高中物理生活化教学的有效策略［J］. 数理天地（高中版）, 2023（24）：30-32.

[52] 孟庆新. 新课程背景下高中物理课堂教学有效性实践路径［J］. 天津教育, 2023（25）：102-104.

[53] 王瑞. 核心素养背景下高中物理情境化教学策略［J］. 新教育时代电子杂志（学生版）, 2023（22）：121-123.

[54] 刘旭明. 新高考背景下高中物理教学改革策略［J］. 新课程教学（电子版）, 2023（6）：99-100.

[55] 文秀霞. 新课改下高中物理高效课堂教学构建策略［J］. 数理化解题研究, 2023（15）：89-91.

[56] 陈贵丽. 新高考改革下高中物理课堂教学的优化策略 [J]. 高考, 2023（4）: 6-9.

[57] 符海娥. 高中物理生活化教学策略探究 [J]. 云南教育（中学教师），2023（C1）: 52-53.

[58] 丁慧. 高中物理教学中评价改革策略探究 [J]. 广西物理，2023（1）: 168-169，260.

[59] 李懋仕. 高中物理教学中培养学生科学思维能力策略研究 [J]. 高考，2023（9）: 98-101.

后 记

本书写到此处已经进入尾声，回首本书的撰写历程，内心无限感慨。高中物理课堂教学永远是发展变化的，永恒的变化是其不变的主旋律，这既对高中物理教师提出了挑战，也带来了发展的机遇。创新与发展是解决高中物理教学中一切问题的不二法门，教师在开展高中物理课堂教学的过程中，应加强对教学策略、方法的探索，在策略与方法的探索中解决物理教学存在的问题，以更好地创新高中物理教学，从而实现高中物理教学策略的发展与进步。

希望本书能够为高中物理有效教学策略研究贡献绵薄之力，期待各界人士共同探索高中物理有效教学策略的新方向。本书在创作过程中受到众多关注与支持，在此表示诚挚的感谢！衷心感谢高中物理教学研究领域的专家、学者，衷心感谢三明市沙县区第一中学物理组的同仁们，正是专家学者的理论引领，以及一起学习和工作的同仁们的共同实践和探讨，《高中物理有效教学策略研究》一书才得以顺利完成。

由于本人能力有限，本书在理论阐述及案例选举的过程中难免挂一漏万，不妥之处，恳请读者能够批评指正、不吝赐教。本书的出版若能起到抛砖引玉的作用，引起诸位同行进一步加入高中物理有效教学策略的研究当中，进一步优化和改善高中物理教学的实效，为减轻高中学生的课业负担做一点贡献，为新一轮课程改革的核心素养目标在谋堂中落地做一些有益的事，那将是笔者莫大的荣幸，无上的荣光。